ACCESO GRATIS a la Lectura en la Nube

Para visualizar el libro electrónico en la nube de lectura envíe junto a su nombre y apellidos una fotografía del código de barras situado en la contraportada del libro y otra del ticket de compra a la dirección:

ebooktirant@tirant.com

En un máximo de 72 horas laborales le enviaremos el código de acceso con sus instrucciones.

Competencia digital docente: Reflexiones y experiencias

Vicente Gabarda Méndez
(director)

Competencia digital docente: Reflexiones y experiencias

tirant humanidades
Valencia, 2025

© TIRANT HUMANIDADES
EDITA: TIRANT HUMANIDADES
C/ Artes Gráficas, 14 - 46010 - Valencia
TELFS.: 96/361 00 48 - 50
FAX: 96/369 41 51
Email:tlb@tirant.com
www.tirant.com
Librería virtual: www.tirant.es
ISBN: 978-84-1081-594-0
MAQUETA: Tirant lo Blanch
Deposito legal: V-5037-2025

Si tiene alguna queja o sugerencia, envíenos un mail a: atencioncliente@tirant.com. En
caso de no ser atendida su sugerencia, por favor, lea en *www.tirant.net/index.php/empresa/
politicas-de-empresa* nuestro Procedimiento de quejas.

Responsabilidad Social Corporativa: *http://www.tirant.net/Docs/RSCTirant.pdf*

Índice

Competencia digital docente: Reflexiones y experiencias

Vicente Gabarda Méndez
Universitat de València

En una sociedad caracterizada, entre otros atributos, por una progresiva digitalización de los diferentes ámbitos de desarrollo, la integración de la tecnología en los procesos de enseñanza y aprendizaje se ha convertido en uno de los principales focos de interés de la comunidad política, académica y científica. La tecnología, de este modo, se ha convertido tanto en un instrumento para el desarrollo de la educación en diferentes contextos y etapas educativas, pero también en un contenido curricular y en un paradigma desde el que diseñar, desarrollar y evaluarla.

Esta realidad, unida a postulados que requieren un mayor protagonismo del sujeto educativo, ha puesto de manifiesto un cambio en el rol docente que implica no solamente una adaptación de sus funciones, sino de las destrezas que se consideran necesarias para el desempeño de su actividad.

Entre estas destrezas, y vinculada directamente con la digitalización del ámbito formativo, destaca la competencia digital, concebida como las habilidades tecnológicas que el docente ha de desarrollar para poder ejercer su labor de un modo ajustado a las características y demandas de la sociedad actual. En su caso, además, su competencia digital no solamente se vincula a su condición de ciudadano (se postula desde diferentes organismos que todos ellos han de desarrollarla) sino al hecho de que se le considere como una pieza fundamental en la promoción de estrategias para que el alumnado la desarrolle.

Bajo esta perspectiva, este libro trata de dar respuesta a algunos interrogantes básicos: ¿En qué espacios o contextos puede desarrollar el profesorado su competencia digital a través de la formación permanente? ¿Qué contenido tiene actualmente dicha formación? ¿Es adecuada y suficiente? ¿Qué experiencias se están llevando a cabo actualmente para la mejora de las destrezas tecnológicas del profesorado en la formación inicial y permanente? ¿Con qué temáticas emergentes se vincula el desarrollo y la actualización de la competencia digital docente?

Estas preguntas se atienden en los diferentes capítulos que forman parte de esta publicación, que tiene como marco el Proyecto Emergente "El desarrollo de la competencia digital en docentes en ejercicio: motivaciones y estrategias para la formación continua" (CIGE/2022/072), financiado por la Conselleria d'Educació, Universitats i Ocupació de la Generalitat Valenciana (España).

En un primer bloque, compuesto por cuatro capítulos, se ofrece una mirada introductoria a la temática, explorando contextos para la promoción de la competencia digital docente y consideraciones conceptuales acerca de la formación del profesorado en esta cuestión.

Concretamente, en el primer capítulo, Arantxa Ballester Aznar, Vicente Gabarda Méndez, Nuria Cuevas Monzonís y Alejandro Serra García exploran diferentes espacios para la actualización de la competencia digital docente. Para ello, se analizan contextos formales, no formales e informales a través de los cuales el profesorado puede adquirir, actualizar o mejorar sus destrezas tecnológicas para el ejercicio de su labor docente.

En el segundo capítulo, María Isabel Pardo Baldoví y Ángel San Martín Alonso centran su atención en la formación en materia digital docente promovida por la Administración educativa valenciana. Concretamente, se estudia la evolución de las estrategias institucionales en esta temática, así como las prioridades que han determinado las políticas y los retos que, a consideración de los autores, quedan pendientes de abordar.

En el tercer capítulo, Mercedes Romero Rodrigo, Silvia López Rodríguez, Ana Rodríguez Guimeráns y Pablo Gayo Pérez presentan las Comunidades de Práctica como espacios para el desarrollo profesional docente. De este modo, se explora una iniciativa de carácter no formal de formación permanente del profesorado a través de una mirada conceptualizadora, analítica y prospectiva.

En el último capítulo de este primer bloque, María Isabel Vidal Esteve, María de los Ángeles Gómez Gerdel y Antonio Matas Terrón plantean una reflexión acerca de la relación entre la tecnología y la neurodivergencia, analizando las implicaciones que tiene este binomio en el diseño de una futura capacitación docente más sensible e inclusiva.

El segundo bloque, por otro lado, está compuesto por diferentes experiencias que contribuyen a la mejora de las destrezas tecnológicas del profesorado, tanto en el contexto de su formación inicial como de la formación permanente.

De este modo, en el quinto capítulo, Coral Ruiz-Roso Vázquez, María Rubio Gragera, Violeta Cebrián Robles y Andrea Cívico Ariza abordan la utilización de la Inteligencia Artificial para el desarrollo de formación digital para el profesorado. Este capítulo permite, así, conceptualizar el uso que se hace de la IA en el ámbito formativo y su potencial específico para el desarrollo de la competencia digital docente.

Por su parte, en el capítulo 6, Lucía Abarrategui y María del Camino Pereiro González presentan una experiencia basada en el desarrollo de competencias profesionales docentes a través del podcast escolar, explorando las posibilidades de este recurso para la alfabetización mediática de los diferentes agentes educativos.

En el séptimo capítulo, Sandra Navarro Sánchez, Melanie Sánchez Cruz, Laura Villar Varea y Diana Marín Suelves realizan un análisis pormenorizado de algunas herramientas para la creación de recursos evaluativos digitales con objeto de ofrecer una comparación entre ellas, destacando sus potencialidades para el desarrollo de competencias digitales.

Por su parte, en el capítulo 8, Mónica del Campo Viu y Lourdes Ferrando-Rodríguez presentan una experiencia basada en una microcredencial como espacio para la formación permanente y, específicamente, sobre el uso de las píldoras formativas como herramienta para la mejora de las competencias digitales del profesorado.

Por último, en el noveno capítulo, Donatella Donato y José Eliseo Valle Aparicio comparten una experiencia contextualizada en la formación inicial. Específicamente, se plantea el potencial de las ilustraciones como medio para el desarrollo de competencias digitales de los futuros docentes de Educación Infantil.

En resumen, y siendo conscientes de la celeridad con que se producen los cambios en la temática objeto de estudio, este libro pretende ofrecer una visión global acerca de la competencia digital docente, explorando sus fundamentos y sus oportunidades de desarrollo en diferentes contextos.

La formación permanente del profesorado en materia digital: espacios para la actualización

Arantxa Ballester Aznar
Universitat de València

Vicente Gabarda Méndez
Universitat de València

Nuria Cuevas Monzonís
Universidad Internacional de La Rioja

Alejandro Serra García
Universitat de València

1. INTRODUCCIÓN

La incorporación de las tecnologías de la información y la comunicación (TIC) ha supuesto una transformación profunda en los procesos educativos, favoreciendo la adaptación de la enseñanza a las necesidades individuales del alumnado y propiciando entornos de aprendizaje más abiertos y flexibles. No obstante, este avance plantea el reto de capacitar al profesorado en nuevas competencias pedagógicas y digitales que les permitan responder eficazmente a las demandas del contexto actual. En este sentido, el conocimiento y uso de las TIC ya no son una opción, sino una necesidad tanto para docentes como para estudiantes. Su desarrollo competencial resulta esencial para superar una visión meramente instrumental del aprendizaje y avanzar hacia un enfoque integral, en el que las TIC se constituyen como eje de la formación permanente y del desarrollo profesional docente (Salas, 2023).

El conocimiento, lejos de ser estático, se encuentra en constante evolución, lo que obliga a los docentes a ir más allá de los saberes adquiridos en su formación inicial, ya que muchos pueden quedar obsoletos con el tiempo (Souto-Seijo et al., 2020). La formación del profesorado no concluye con la obtención del título académico, sino que se extiende a lo largo de toda su carrera, integrando tanto experiencias formales como no formales de aprendizaje (García e Izarra, 2022). Por ello, la formación permanente se configura como un recurso esencial para el desarrollo de la identidad profesional del docente. Esa formación continua permite que los educadores actúen como agentes activos del aprendizaje y crecimiento a lo largo de toda su trayectoria profesional (Souto-Seijo et al., 2020). En consecuencia, es fundamental que los docentes cuenten con las herramientas necesarias para desenvolverse con eficacia en su práctica cotidiana y adaptarse a las exigencias que plantea la sociedad actual.

En términos generales, la incorporación efectiva de las TIC en la educación requiere una atención constante en la formación y actualización del profesorado, entendiendo que la educación actual demanda profesionales capaces de adaptarse y responder con flexibilidad a los cambios tecnológicos y sociales. Solo así es posible garantizar un aprendizaje significativo y alineado con las necesidades del contexto contemporáneo.

En este marco, las administraciones educativas, tanto a nivel autonómico (CEFIRE) como estatal (INTEF), implementan diversas acciones dirigidas a afrontar los retos del sistema educativo relacionados con la integración tecnológica y la formación docente (De Tecnologías y Formación del Profesorado, 2019). No obstante, conviene destacar que la formación permanente no se desarrolla exclusivamente en contextos formales, sino que los entornos no formales e informales adquieren cada vez mayor relevancia en los procesos de desarrollo profesional docente (Prendes et al., 2021).

Bajo estas premisas, a continuación, se describen los distintos ámbitos en los que el profesorado puede ampliar y consolidar su formación permanente.

1.1. FORMACIÓN PERMANENTE AUTONÓMICA (CEFIRE)

Dentro del marco del plan anual de formación permanente del profesorado para el curso 2024/2025 y con el objetivo de responder a las necesidades actuales del sistema educativo, se han redefinido diversos CEFIRE específicos, alineándolos con un modelo basado en competencias profesionales docentes. Esta reorganización busca mejorar la especialización de la formación y garantizar una oferta más adaptada a los retos pedagógicos y tecnológicos del momento.

Antes de abordar la redefinición de los CEFIRE, es relevante explicar en qué consisten. Los CEFIRE (Centros de Formación, Innovación y Recursos Educativos) son centros públicos específicos de la Comunitat Valenciana, dependientes de la Conselleria de Educación, que ofrecen programas de formación permanente para el profesorado, fomentando la innovación educativa y proporcionando recursos didácticos.

Vivimos en una época caracterizada por un continuo proceso de digitalización y expansión de las plataformas digitales (Pardo, 2024). La integración de las Tecnologías de la Información y la Comunicación en el contexto educativo ha generado un abanico de oportunidades y retos que exigen una continua actualización y adaptación por parte del profesorado (Moreno, 2024). Por ello, se requiere que los docentes desarrollen un conjunto específico de habilidades, destrezas y competencias que les permitan integrar eficazmente estas tecnologías en su práctica diaria (Cabero-Almenara et al., 2020). Los CEFIRE, al ofrecer formación en competencia digital, abordan directamente esta necesidad, asegurando que los profesores estén capacitados para utilizar las herramientas tecnológicas más avanzadas en su práctica educativa.

La expansión de la oferta formativa en competencia digital ha sido considerable, especialmente a partir del año 2020 como consecuencia de la crisis provocada por la COVID-19 (Álvarez et al., 2025), lo que pone de manifiesto la creciente necesidad de preparar al profesorado para un entorno educativo cada vez más digitalizado. De acuerdo con Moreno (2024), los docentes no solo deben ser capaces de manejar herramientas digitales, sino también de integrarlas de manera eficaz y significativa en su práctica pedagógica, promoviendo un uso activo y transformador del proceso de enseñanza-aprendizaje. Esto implica una transformación del paradigma educativo, en el que el docente deja de ser un simple transmisor de conocimientos para asumir el rol de facilitador del aprendizaje activo y autónomo del alumnado, haciendo un uso pedagógico de las tecnologías digitales. De hecho, la LOMLOE subraya la importancia de desarrollar la competencia digital a lo largo de todo el itinerario formativo, desde la educación infantil hasta la formación continua del profesorado (Moreno, 2024).

En este sentido, los CEFIRE han reconocido esta importancia y, como parte de su misión, han diseñado e implementado programas específicos orientados a este ámbito. Estos centros ofrecen formación continua y especializada que cubre desde los aspectos más básicos del uso de las tecnologías hasta la integración avanzada de recursos digitales en las prácticas pedagógicas diarias. Además, fomentan la difusión de innovaciones tecnológicas y pedagógicas, para asegurar la actualización constante del profesorado en la aplicación eficaz de estas herramientas. Todo ello con el objetivo de favorecer una enseñanza más inclusiva, equitativa y adaptada a los desafíos del entorno digital actual. Entre los cursos más demandados se encuentran aquellos que capacitan a los docentes en el uso de plataformas de gestión de aprendizaje, la creación de contenidos digitales, el uso de herramientas de colaboración en línea y la aplicación de tecnologías emergentes. Por todo ello, el CEFIRE de Competencia Digital Docente ha jugado un papel fundamental en la transformación digital del sistema educativo en la Comunitat Valenciana (Pardo, 2024).

En cuanto a la organización de los CEFIRE, y con el objetivo de dar cumplimiento al plan anual enmarcado en un modelo de competencias profesionales docentes, se ha procedido a la reorganización de varios centros específicos. Como resultado, estos han quedado adscritos al CEFIRE específico de Creación de Recursos Educativos. Entre ellos se encuentran el CEFIRE específico de Educación Infantil, el del Ámbito

Científico, Tecnológico y Matemático, el de Plurilingüismo, el del Ámbito Humanístico y Social, así como el del Ámbito Artístico-Expresivo.

Uno de los cambios destacados es el CEFIRE específico de Centro de Innovación Digital Avanzado de la Comunitat Valenciana que ha sido redefinido como el CEFIRE específico de Liderazgo Educativo. Su función principal es la formación inicial y permanente de equipos directivos y otros cargos de gestión y coordinación en los centros educativos, a través de programas de desarrollo profesional que proporcionan las herramientas y competencias necesarias para un liderazgo educativo eficaz y adaptado a los desafíos actuales.

Por otro lado, el CEFIRE específico de Competencia Digital Docente ha evolucionado para convertirse en el CEFIRE específico de Innovación y Digitalización. Este cambio refleja la creciente importancia de la tecnología en el ámbito educativo y la necesidad de formar al profesorado en nuevas herramientas digitales, metodologías innovadoras y estrategias para la transformación digital de los centros educativos.

Por último, el CEFIRE específico de Formación Profesional, Enseñanzas Artísticas y Deportivas también ha sido reorganizado para mejorar su funcionamiento, estableciendo una coordinación directa con la Dirección General de Formación Profesional. Esta colaboración facilita una mejor alineación entre la formación ofrecida y las necesidades específicas de estos sectores, garantizando así una actualización docente más ajustada y efectiva.

Estas redefiniciones de los CEFIRE específicos fortalece la formación docente, garantizando una mayor adaptabilidad a las necesidades educativas actuales y promoviendo un enfoque especializado en áreas clave.

En conclusión, los CEFIRE son esenciales para la modernización y adaptación del sistema educativo. Su labor en la formación permanente del profesorado, especialmente en competencia digital, junto con su enfoque en la innovación y la integración de nuevas tecnologías, contribuye a una enseñanza más inclusiva, actual y capaz de responder a los desafíos presentes.

1.2. FORMACIÓN PERMANENTE ESTATAL (INTEF)

A nivel estatal, encontramos el INTEF (Instituto Nacional de Tecnologías Educativas y de Formación del Profesorado). Es una entidad dependiente del Ministerio de Educación y Formación Profesional de España, cuyo propósito es fomentar la innovación educativa mediante el uso de tecnologías en las aulas y proporcionar formación especializada al profesorado. En particular, desempeña un papel clave en la formación en competencia digital docente, proporcionando recursos y programas de desarrollo profesional que capacitan a los docentes para integrar las tecnologías de manera efectiva en sus prácticas pedagógicas. Por ello, muchas de sus actuaciones se centran en el desarrollo y fortalecimiento de la competencia digital (De Tecnologías y Formación del Profesorado, 2019), considerada un eje fundamental para la mejora de la práctica docente y la integración efectiva de las tecnologías en los procesos educativos.

El objetivo común de todas las iniciativas del INTEF es la capacitación de los centros educativos como entidades digitalmente competentes que estén preparadas para afrontar los retos y aprovechar las oportunidades que presenta la era digital (De Tecnologías y Formación del Profesorado, 2019). Para alcanzar dicha meta, resulta fundamental fortalecer el papel del profesorado, por lo que el INTEF plantea una propuesta orientada a facilitar que el profesorado adquiera las herramientas necesarias para conocer, promover y evaluar el desarrollo de la competencia digital en el alumnado (Blanco, 2018). Este marco tiene como finalidad proporcionar al profesorado una referencia clara que contribuya tanto al fortalecimiento de su competencia digital como a la mejora de su práctica docente. Asimismo, aspira a guiar el diseño de propuestas formativas de carácter permanente y fomentar la consolidación de una cultura digital en los centros educativos (De Tecnologías y Formación del Profesorado, 2019).

Además de su propuesta formativa, el INTEF del Ministerio de Educación, Cultura y Deporte (MECD) destaca la importancia de actitudes y valores como una actitud abierta y crítica frente a la Sociedad de la

Información y las TIC, la predisposición hacia el aprendizaje continuo, la actualización permanente y la prudencia en el uso de las TIC (Pech y Prieto, 2017).

Ofrece una amplia gama de programas formativos en competencia digital, que van desde la alfabetización digital básica hasta el dominio de herramientas tecnológicas avanzadas. Estos programas están diseñados para ayudar a los docentes a utilizar las tecnologías no solo como herramientas para la enseñanza, sino también como medios para mejorar el aprendizaje de los estudiantes, fomentar la creatividad y la colaboración, y promover un enfoque crítico hacia el uso de las tecnologías.

La formación en competencia digital, clave para que la sociedad avance hacia un modelo educativo digitalmente competente, prepara tanto a los docentes como a los estudiantes para adaptarse a los rápidos cambios tecnológicos y desenvolverse de manera efectiva en un entorno digital.

A su vez, el INTEF impulsa la elaboración de recursos educativos abiertos en los que el desarrollo de la competencia digital ocupa un lugar central, con el objetivo de favorecer la transformación metodológica en los centros escolares y promover la adopción de nuevos modelos de organización y funcionamiento educativo (De Tecnologías y Formación del Profesorado, 2019).

El INTEF ha adoptado el Marco Común de Competencia Digital Docente (DigCompEdu), que proporciona un marco de referencia para evaluar y mejorar las habilidades digitales de los docentes en seis áreas clave. Además, INTEF apoya activamente la creación de proyectos y experiencias pedagógicas centradas en estas tecnologías, asegurando que los docentes estén preparados para incorporar estas herramientas en sus aulas de manera efectiva.

En conclusión, el INTEF se ha consolidado como un referente clave en la formación permanente del profesorado en competencia digital, impulsando el desarrollo de una educación actual, inclusiva y adaptada a las nuevas exigencias tecnológicas. A través de su formación especializada, sus recursos educativos y sus proyectos innovadores, el INTEF contribuye significativamente a mejorar la calidad educativa y a preparar a los docentes para los desafíos actuales de la educación digital.

1.3. FORMACIÓN PERMANENTE EN CANALES NO FORMALES E INFORMALES

En la sociedad contemporánea, el aprendizaje no sigue un camino lineal ni se restringe a espacios específicos, lo que impide encasillarlo únicamente dentro de los límites de la educación formal (Souto-Seijo et al., 2020).

La formación permanente en el ámbito educativo ha ido más allá de las estructuras formales de enseñanza, incorporando canales no formales e informales como elementos clave para el desarrollo profesional de los docentes. En un contexto de rápidas transformaciones tecnológicas y cambios sociales, el aprendizaje continuo es esencial para que los educadores se adapten a las nuevas necesidades del entorno escolar y de la sociedad.

Se reconoce que las instituciones formales han dejado de ser el único espacio para aprender, otorgando mayor protagonismo a modelos educativos no formales e informales (Souto-Seijo et al., 2020). Por ello, la educación no formal e informal ha adquirido un papel central en la capacitación docente, permitiendo la adquisición de saberes de manera flexible, autónoma y adaptada a las necesidades individuales y contextuales.

Entre los beneficios del uso de las TIC para la formación permanente en entornos no formales e informales, se destaca la ubicuidad y flexibilidad de los medios digitales y los recursos utilizados, lo que permite valorar la individualización del proceso de aprendizaje y la adaptación al espacio y tiempo de cada persona (Prendes et al., 2021).

En la actualidad, los entornos virtuales han superado las limitaciones de la enseñanza tradicional, haciendo necesaria la incorporación de herramientas que dinamicen las clases y favorezcan el desarrollo de habilidades académicas tanto en el profesorado como en el alumnado. Estas herramientas permiten mejorar el desempeño en las actividades cotidianas y profesionales mediante interacciones en las que la tecnología resulta fundamental. Plataformas como foros, redes temáticas y sociales, o servicios de mensajería instantánea, posibilitan una participación activa y colaborativa que enriquece el proceso de aprendizaje, al tiempo que promueve el desarrollo de competencias y habilidades clave para la práctica docente y el futuro profesional del estudiante (Salas, 2023).

Los canales no formales, como talleres, seminarios, conferencias y cursos en línea ofrecen a los docentes la posibilidad de profundizar en áreas específicas del conocimiento sin las restricciones de un currículo rígido. Asimismo, los espacios informales de aprendizaje, que incluyen la interacción con compañeros, la participación en comunidades, el intercambio de experiencias en redes sociales y el acceso a materiales digitales como blogs y podcasts, constituyen fuentes inagotables de información y reflexión pedagógica. Además de proporcionar acceso a una diversidad de contenidos, estos canales fomentan el desarrollo de redes de colaboración entre profesionales de la educación, promoviendo el intercambio de experiencias, el debate de ideas y la construcción colectiva del conocimiento. La posibilidad de aprender en contextos reales y de aplicar de manera inmediata lo aprendido en el aula fortalece la capacidad de innovación y adaptación de los docentes, beneficiando directamente a los estudiantes y mejorando la calidad educativa.

Los entornos digitales constituyen espacios en los que las personas no solo invierten una parte significativa de su tiempo, sino que también construyen y desarrollan su identidad (Ruiz y Ruiz, 2024).

Uno de los principales beneficios de los canales no formales e informales son las redes sociales, ya que, con el tiempo, se han convertido en herramientas esenciales para la formación del profesorado en la era digital. De hecho, como afirman Muñoz y Soto (2020), el uso de las redes sociales como herramientas de aprendizaje favorece el desarrollo de la competencia digital en los docentes, promoviendo el autoaprendizaje y la interacción con compañeros (Gabarda et al., 2021). Además, se han convertido en espacios clave para la construcción de la identidad profesional docente, ya que facilitan la creación de contenidos, el desarrollo profesional y la transferencia del conocimiento (Ruiz y Ruiz, 2024).

Estas plataformas, cuando se integran con una finalidad educativa, contribuyen al desarrollo de competencias clave como la digital, incrementan la motivación del profesorado, fomentan dinámicas de trabajo colaborativo y promueven habilidades como el pensamiento crítico y el autoaprendizaje (Gabarda et al., 2021).

Existen muchas redes sociales útiles para el profesorado, pero las plataformas más destacadas, según Marcelo-Martínez et al. (2020), son Twitter y Facebook, pues constituyen uno de los contextos más motivadores para el aprendizaje, ya que permiten a los docentes acceder a información, artículos y comunidades de aprendizaje (Gabarda et al., 2021). De igual modo, LinkedIn se considera uno de los foros específicos para educadores, permitiendo a los docentes conectar, intercambiar ideas y participar en debates sobre temas educativos actuales. Estas redes facilitan la creación de comunidades virtuales donde los profesionales pueden compartir recursos, metodologías y estrategias pedagógicas. Al ser espacios abiertos, las redes sociales permiten la interacción con docentes de distintas partes del mundo, lo que enriquece el aprendizaje mediante diversas perspectivas. Además, ofrecen la ventaja de la accesibilidad, ya que los docentes pueden participar en cualquier momento y desde cualquier lugar, favoreciendo la flexibilidad del proceso formativo. Aunque para el alumnado estas plataformas suelen asociarse al ocio, su uso con un conocimiento profundo del entorno y de sus dinámicas puede transformarlas en recursos con un importante valor pedagógico (Ruiz y Ruiz, 2024). En este sentido, dichos autores afirman que el perfil del profesorado en la era digital está estrechamente relacionado con las competencias necesarias para actuar con eficacia en dichos entornos virtuales.

Las redes sociales son una de las herramientas digitales que permiten implementar la tecnología en las aulas (Gabarda et al., 2021), ampliando las posibilidades metodológicas del profesorado y promoviendo una enseñanza más interactiva y cercana. Además, estas plataformas facilitan la conexión entre la educación formal y los procesos de formación no formal e informal, ya que favorecen el intercambio constante de experiencias, conocimientos y recursos entre diferentes agentes educativos, más allá del espacio y tiempo escolar.

Las comunidades de aprendizaje representan otro pilar fundamental dentro de la formación permanente de los docentes. El uso de plataformas abiertas por parte de los profesionales para la creación y difusión pública de recursos educativos ha ampliado significativamente las oportunidades de aprendizaje, tanto en contextos formales como en entornos no formales e informales (Pattier, 2021).

Apostar por las comunidades virtuales abiertas en el ámbito académico implica ampliar la perspectiva educativa y reconocer el valor de la co-creación del conocimiento, así como de los saberes compartidos, desde una visión diversa y plural (Kerexeta et al., 2021).

Estas comunidades pueden surgir tanto en el ámbito presencial como en el virtual, con el propósito de fomentar el aprendizaje colaborativo entre los educadores. En ellas, los docentes no solo comparten recursos y conocimientos, sino que también se dedican a reflexionar sobre su propia práctica educativa, identificar áreas de mejora y experimentar con nuevas metodologías. Las comunidades de aprendizaje permiten que los docentes se conviertan en agentes activos de su propio proceso formativo, creando relaciones de apoyo mutuo que favorecen su desarrollo personal y profesional. Además, estas comunidades no solo incluyen a los educadores, sino que pueden involucrar a otros actores clave en el proceso educativo, como estudiantes, familias y expertos externos. De este modo, las comunidades amplían el alcance del aprendizaje, convirtiéndolo en un proceso inclusivo y multidimensional que tiene en cuenta las diversas necesidades y perspectivas de la comunidad educativa.

Las personas no solo conciben la comunidad virtual como un entorno acogedor y de confianza, sino también como un espacio propicio para el crecimiento exponencial del conocimiento, caracterizado por el fácil acceso a contenidos y la posibilidad de aportar nuevas ideas. Además, lo experimentan como una oportunidad sin precedentes para promover la accesibilidad en su sentido más amplio, abarcando tanto el acceso a la información como la participación activa en procesos formativos diversos (Kerexeta et al., 2021).

De la mano de las comunidades de aprendizaje y las redes sociales, se abre la posibilidad de fomentar el aprendizaje entre iguales. En este modelo, los docentes tienen la oportunidad de compartir experiencias y conocimientos, lo que les permite aprender unos de otros y enfrentarse juntos a los desafíos educativos. El proceso se fundamenta en la colaboración y la reflexión conjunta, en lugar de una enseñanza unidireccional, creando un entorno donde el aprendizaje es compartido y colectivo. Las comunidades de aprendizaje, tanto presenciales como virtuales, se convierten en espacios idóneos para que los educadores intercambien prácticas, innoven y colaboren en la resolución de problemas educativos comunes. Este enfoque promueve una cultura de apoyo mutuo, que no solo fortalece las relaciones entre compañeros, sino que también favorece la creación de un ambiente de aprendizaje más inclusivo y enriquecedor. Y, las redes sociales, al permitir una conexión constante y abierta entre los profesionales de la educación, amplifican aún más estas interacciones, creando un entorno digital de colaboración continua.

La colaboración dialógica entre profesores permite la construcción colectiva del conocimiento y la mejora continua de las prácticas docentes. Los procesos de interacción entre docentes de distintos niveles facilitan una mayor comprensión de las dificultades de aprendizaje y la adaptación de estrategias pedagógicas. Cuando los docentes trabajan en conjunto desde un enfoque dialógico, se fortalecen sus habilidades reflexivas y su capacidad para innovar en el aula (Gómez-del-Castillo y Aguilera-Jiménez, 2018).

En definitiva, la formación permanente del profesorado trasciende los límites de la educación formal, encontrando en los entornos no formales e informales un espacio fructífero para el crecimiento profesional, la colaboración y la innovación educativa. Aprovechar estos canales con una mirada crítica y pedagógica es clave para afrontar los retos de la educación en la era digital.

2. A MODO DE CONCLUSIONES

La formación permanente del profesorado constituye un elemento clave para asegurar una educación de calidad y responder de manera efectiva a las exigencias y transformaciones propias del contexto educativo actual.

Tanto los CEFIRE como el INTEF son fundamentales en el proceso de transformación educativa. A nivel autonómico, los CEFIRE, mediante su oferta formativa especializada, brindan a los docentes las herramientas necesarias para integrar la tecnología en su enseñanza y mejorar la calidad educativa. Por su parte, el INTEF refuerza este proceso a nivel estatal, proporcionando formación permanente en competencia digital y promoviendo un enfoque crítico hacia el uso de las TIC, asegurando que los docentes estén preparados para afrontar los retos actuales y adaptar sus prácticas pedagógicas al entorno digital. Ambos contribuyen de manera decisiva a la modernización y adaptación del sistema educativo.

Los docentes también aprenden fuera del ámbito formal. Los canales no formales e informales juegan un papel crucial en la formación permanente de los docentes, brindando oportunidades de aprendizaje flexibles, autónomas y adaptadas a las necesidades individuales. Estos espacios, que incluyen talleres, seminarios, comunidades virtuales y el uso de redes sociales, permiten a los educadores continuar su desarrollo profesional de manera constante y sin las restricciones de los modelos formales tradicionales. Además, la interacción y el intercambio de experiencias entre colegas en estos contextos fomentan la colaboración, el pensamiento crítico y la innovación pedagógica. En un entorno en constante cambio, aprovechar los canales no formales e informales se convierte en una estrategia fundamental para garantizar que los docentes no solo mantengan sus conocimientos actualizados, sino que también se conviertan en agentes activos en su propio proceso de aprendizaje y en la transformación de la educación.

La formación permanente en competencia digital, junto con la interdisciplinariedad, permite a los docentes adaptarse a los avances tecnológicos y ofrecer experiencias de aprendizaje más personalizadas, interactivas y accesibles. La integración de la tecnología en la enseñanza, el liderazgo educativo y la actualización constante de las habilidades docentes son elementos fundamentales para consolidar un modelo educativo innovador, inclusivo y acorde con las exigencias de la sociedad del conocimiento. La formación permanente es, así, tanto un derecho como una responsabilidad del profesorado y un factor clave para la mejora continua de la educación.

La formación permanente no solo es una estrategia para mantener actualizados a los docentes, sino también una forma de garantizar que la educación continúe evolucionando al ritmo de las nuevas tecnologías, beneficiando tanto a los educadores como a los estudiantes. Diversos estudios han demostrado que el profesorado que participa de manera continua en procesos de formación orientados al desarrollo de sus competencias digitales logra integrar de forma eficaz las tecnologías de la información y la comunicación en su práctica docente (Ruiz-Palmero et al., 2023, citado en Alastor et al., 2024). Esta integración, a su vez, repercute positivamente en el rendimiento académico del alumnado (Cabero-Almenara et al., 2023, citado en Alastor et al., 2024). En este contexto, los docentes ya no pueden imaginar su vida diaria sin el uso de las tecnologías, ni sin un aprendizaje constante y la actualización de estas herramientas para mejorar su formación continua (Pérez-Escoda et al., 2016).

González-Rodríguez et al. (2022) destacan la necesidad de reforzar la formación en TIC durante la etapa inicial y ajustar los programas de formación permanente en España, para lograr una integración más efectiva de estas herramientas en los procesos educativos. Es fundamental reconocer que una de las principales razones que impulsa al profesorado a formarse de manera continua a lo largo de los años radica en las carencias formativas en cuanto a contenidos y herramientas durante su etapa de formación inicial (Gabarda, 2015). Además, se subraya la necesidad de una formación permanente que permita a los docentes no solo actualizar sus conocimientos, sino también mejorar sus estrategias didácticas, favoreciendo de esta manera una implementación efectiva de las TIC en el proceso de enseñanza-aprendizaje. Esta actualización constante es clave para que los docentes se adapten a las nuevas tecnologías y enfoques pedagógicos emergentes, lo que les permite ofrecer una educación de mayor calidad y más acorde con las exigencias actuales.

La formación del profesorado en TIC ha adquirido una relevancia cada vez mayor, siguiendo las tendencias tanto a nivel nacional como europeo (Pardo, 2024). La integración de las TIC en el aula no debe ser vista como un simple añadido, sino como una transformación de los métodos tradicionales de enseñanza, que requiere un enfoque reflexivo y práctico. Para garantizar que los programas de formación en TIC sean realmente aplicables y pertinentes, sería ideal incluir la participación activa del profesorado en su diseño (Álvarez, 2016). Puesto que nadie mejor que los propios docentes conoce las necesidades educativas actuales y los desafíos que enfrentan en el aula, lo que les otorga una perspectiva valiosa para crear programas formativos que sean útiles y adaptados a las realidades del entorno educativo. Al involucrar al profesorado en la creación de estos programas, se favorece una mayor motivación y compromiso por parte de los docentes, ya que se sienten parte del proceso de cambio y mejora. Asimismo, esta participación asegura que las formaciones no solo aborden las necesidades tecnológicas, sino también las pedagógicas, garantizando que el uso de las TIC tenga un impacto positivo en el aprendizaje de los estudiantes y en el desarrollo profesional del profesorado.

Sin embargo, la adaptación del profesorado a las TIC ha estado mayormente centrada en el uso instrumental de herramientas digitales, conocido como alfabetización tecnológica. Esta adaptación no siempre se traduce en una integración eficaz de las TIC en el proceso de enseñanza-aprendizaje, evidenciando así una brecha entre el manejo técnico y su implementación pedagógica, conocida como capacitación tecnológica.

Esta situación representa un desafío significativo, dado que, aunque los docentes poseen conocimientos sobre el manejo de herramientas tecnológicas, su integración en la práctica educativa cotidiana sigue siendo limitada. Como consecuencia, se dificulta la transformación de los procesos de enseñanza y aprendizaje mediante el uso de las TIC, lo que subraya la necesidad de una formación docente más profunda, orientada no solo al uso de la tecnología, sino también a su integración curricular. Para superar esta brecha, es fundamental que los programas de formación docente aborden estrategias didácticas innovadoras que permitan una aplicación significativa de las TIC en el aula. Esto contribuirá a una enseñanza más dinámica, adaptada a las necesidades actuales y centrada en el desarrollo de competencias digitales tanto en el profesorado como en el alumnado. En este sentido, Alejaldre y Álvarez (2019), sostienen que la universidad debe continuar aprovechando este impulso y apostando por la formación de su profesorado en la implementación de métodos docentes que integren de manera decidida las tecnologías. Por su parte, Pardo (2024) sostiene que el campo de las TIC aplicadas a la educación ha evolucionado y se ha consolidado como un pilar esencial en la formación permanente del profesorado. Por ello, es imprescindible seguir ofreciendo acciones formativas que capaciten al profesorado para integrar de manera efectiva las tecnologías digitales en todos los aspectos del proceso educativo.

En conclusión, la formación permanente del profesorado es un pilar fundamental para la mejora de la enseñanza y la adaptación del sistema educativo a las demandas tecnológicas actuales. En un contexto de constante cambio, las tecnologías no solo transforman la forma en que los docentes enseñan, sino también cómo los estudiantes aprenden, preparándolos para un mundo cada vez más digitalizado.

Este proceso de formación continua no solo beneficia a los educadores al fortalecer sus competencias digitales y pedagógicas, sino que también tiene un impacto directo en los alumnos. Al contar con profesores capacitados en el uso efectivo de las TIC, los estudiantes acceden a un aprendizaje más dinámico, interactivo y acorde con las competencias que necesitarán en su futuro profesional y personal. Es esencial que las políticas educativas no solo mantengan el enfoque en la actualización constante de los docentes, sino que también busquen promover una integración más profunda de las TIC en las prácticas pedagógicas. De esta manera, no solo se mejora la calidad educativa, sino que se contribuye a formar una sociedad más preparada, crítica y capaz de navegar en un entorno digital.

La formación permanente de los docentes es, por lo tanto, un compromiso necesario y urgente para la evolución de la educación en un mundo cada vez más tecnológico.

Referencias

Alastor, E., Guillén-Gámez, F. D., Ruiz-Palmero, J. (2024). Competencia digital del futuro docente de Educación Infantil y Primaria: un estudio por comparaciones múltiples. *Revista Latinoamericana De Tecnología Educativa–RELATEC, 23*(1), 9-24. https://doi.org/10.17398/1695-288X.23.1.9

Alejaldre, L. B., y Álvarez, E. R. (2019). *La competencia digital docente del profesor universitario 3.0. Caracteres: estudios culturales y críticos de la esfera digital, 8*(2), 205-236.

Álvarez, C. Á., Del Arco, I.B., Flores, Ó. A., & Ramos, A. P. (2025). Estudiantes universitarios rurales y urbanos y su vulnerabilidad frente a lo tecnológico: revisión sistemática. *Educação e Pesquisa: Revista da Faculdade de Educação da Universidade de São Paulo, 51*(1), e279787. https://doi.org/10.1590/S1678-4634202551279787es

Álvarez, J. F. H. (2016). La Formación en TIC del profesorado de Secundaria del Estado Español. Un análisis desde la percepción docente. *UTE Teaching & Technology (Universitas Tarraconensis), 1*(1), 67-79.

Cabero-Almenara, J., Barroso-Osuna, J., Palacios-Rodríguez, A., & Llorente-Cejudo, C. (2020). Marcos de Competencias Digitales para docentes universitarios: su evaluación a través del coeficiente competencia experta. *Revista Electrónica Interuniversitaria de Formación del Profesorado, 23*(2). https://doi.org/10.6018/reifop.413601

Gabarda, V. (2015). Uso de las TIC en el profesorado europeo: ¿Una cuestión de equipamiento y formación? *Revista Española de Educación Comparada,* (26), 153–170. https://doi.org/10.5944/reec.26.2015.14448

Gabarda, V., Cuevas, N., Cívico, A., Colomo, E., y Sánchez, E. (2021). Revisión sistemática de la literatura sobre redes sociales y formación del profesorado. En E. Sánchez, E. Colomo, J. Ruiz y M. Gómez (Coords.), *La tecnología educativa como eje vertebrador de la innovación* (pp. 245-256). Octaedro

García, E., e Izarra, D. A. (2022). Experiencias de formación permanente en docentes del nivel secundario. En A. Paz, V. Figueroa, E.J. Rodríguez, A. Montes (Coords.), *Libro de Actas del 2.º Congreso Caribeño de Investigación Educativa: Nuevos paradigmas y experiencias emergentes* (pp. 181-186). Instituto Superior de Formación Docente Salomé Ureña (ISFODOSU)

Gómez-del-Castillo, M. T., y Aguilera-Jiménez, A. (2018). Colaboración Dialógica entre Profesores de Diversos Niveles de Enseñanza. *Multidisciplinary Journal of Educational Research, 8(3)*, 234–258. https://doi.org/10.17583/remie.2018.3665

González-Rodríguez, D., Rodríguez-Esteban, A., y González-Mayorga, H. (2022). Diferencias en la formación del profesorado en competencia digital y su aplicación en el aula: Estudio comparado por niveles educativos entre España y Francia. *Revista Española de Pedagogía, 80(282)*, 371–389.

Instituto Nacional de Tecnologías Educativas y Formación del Profesorado (2017). *Marco Común de Competencia Digital Docente.* INTEF.

Instituto Nacional de Tecnologías Educativas y Formación del Profesorado (2019). *El INTEF y la escuela en la era digital: nuevos retos, nuevas oportunidades. Participación activa, 6(9)*, 27-40.

Kerexeta, I., Camara, S., Darretxe, L., y Martínez, P. M. (2021). Comunidades virtuales: la mirada universal del aprendizaje. En N. Beloki, I. Alonso, I. Kerextea, A. Ramiro (Coords.), *Redes para la inclusión social y educativa* (pp. 205-2017). Graó.

Marcelo-Martínez, P., Yot-Domínguez, C., & Marcelo, C. (2023). Los docentes y las redes sociales: Usos y motivaciones. *Revista de Educación a Distancia (RED), 23(72)*. https://doi.org/10.6018/red.523561

Moreno, M. (2024). Análisis actual de la actividad formativa TIC en centros de formación de profesorado no universitario. En *Conference proceedings CI-VINEDU 2024. 8th International Virtual Conference on Educational Research and Innovation* (pp. 76-81). Adaya Press.

Muñoz, L. C., y Soto, E. (2020). Mahara como red social y portafolio digital en los nuevos contextos de formación inicial docente. Un estudio de casos. *Revista de Educación a Distancia (RED), 20(62)*. https://doi.org/10.6018/red.397021

Pardo, I. (2024). Formación del profesorado para el trabajo con plataformas digitales: el caso del CEFIRE de Competencia Digital Docente de la Comunitat Valenciana. *ReiDoCrea: Revista Electrónica de Investigación Y Docencia Creativa*, *13*, 694–702.

Pattier, D. (2021). Referentes educativos durante la pandemia de la COVID-19: El éxito de los edutubers. *PUBLICACIONES*, *51*(3), 533–563. https://doi.org/10.30827/publicaciones.v51i3.18080

Pech, S., y Prieto, M. (2017). Las Competencias Digitales de los futuros docentes: Educación básica. EduAction2017. En J. F. García, T. de León, E. Orozco (Coords.), *Las tecnologías de información y comunicación para la innovación y el desarrollo* (pp. 157-168). Humboldt International University.

Pérez-Escoda, A.., Iglesias, A. R., & Sánchez, M. C. G. (2016). Competencia digital y TIC: claves de la ciudadanía digital y requisitos para el futuro profesorado. En R. Roig (Coord.), *Tecnología, innovación e investigación en los procesos de enseñanza-aprendizaje* (pp. 1793-1802). Octaedro.

Prendes, M., Montiel, F. J., y González, V. (2021). Uso de TIC por parte del profesorado de enseñanza secundaria analizado a partir del modelo de ecologías de aprendizaje: estudio de caso en la región de Murcia. *PUBLICACIONES*, *51*(3), 109–163. https://doi.org/10.30827/publicaciones.v51i3.18374

Ruiz, M. Á., y Ruiz, C. (2024). La identidad digital docente: una revisión sistémica. *Revista UNES. Universidad, Escuela Y Sociedad*, (18), 27–43. https://doi.org/10.30827/unes.i18.30400

Salas, M. A. (2023). Las competencias digitales docentes del INTEF: conocimiento y utilización en la formación y contexto laboral de estudiantes de posgrado. *LATAM Revista Latinoamericana De Ciencias Sociales Y Humanidades, 4*(2), 666–683. https://doi.org/10.56712/latam.v4i2.640

Souto-Seijo, A., Estévez, I. B., Iglesias, V. F., y González-Sanmamed, M. (2020). Entre lo formal y lo no formal: un análisis desde la formación permanente del profesorado. Educar, 56(1), 91-107. https://doi.org/10.5565/rev/educar.1095

Formación digital del profesorado en la Comunitat Valenciana: trayectoria y perspectivas

M. Isabel Pardo Baldoví
Ángel San Martín Alonso
Universitat de València

INTRODUCCIÓN: LA FORMACIÓN DEL PROFESORADO EN MATERIA DIGITAL, UNA EXIGENCIA CRECIENTE.

La sociedad contemporánea está cada vez más determinada por el paradigma tecnocientífico de la digitalización, un proceso que no solo transforma las distintas esferas sociales, sino que también reconfigura las formas en que las personas interactúan con su realidad y con su entorno laboral (Miller, 2023). En este contexto, el sistema escolar, como reflejo de la sociedad, no permanece ajeno a esta evolución (San Martín Alonso, 2009), dando lugar a un ecosistema de enseñanza y aprendizaje donde lo digital adquiere cada vez un papel más relevante.

La integración de las tecnologías digitales en los centros educativos ha propiciado la aparición de una amplia diversidad de recursos y materiales didácticos, configurando un modelo escolar en el que convergen distintos formatos y metodologías (Pardo Baldoví et al., 2019). De esta manera, los recursos tradicionales coexisten con una variedad de dispositivos y herramientas digitales, entre los que destacan las pizarras digitales interactivas, los ordenadores y tabletas, los Chromebooks o los eReaders. Además, el panorama educativo se ve también mediatizado por plataformas y aplicaciones digitales, así como por tecnologías emergentes como la impresión 3D, los drones, los videojuegos, la robótica y ahora la fuerte emergencia de la inteligencia artificial. Todos estos elementos están contribuyendo a la reestructuración del espacio escolar, junto a nuevos roles entre sus actores, donde las tecnologías digitales ganan cada vez más protagonismo frente a los recursos analógicos tradicionales (Decuypere et al., 2021).

Sin embargo, la digitalización de la enseñanza no se limita únicamente a la incorporación de nuevos dispositivos en las aulas. Más allá de la presencia de estos artefactos, lo digital abre la puerta a nuevas metodologías y enfoques pedagógicos que proponen otras maneras de enseñar y aprender (Sánchez-Caballé & Esteve-Mon, 2023) o, al menos, los valores, principios y esquemas que rigen la enseñanza (Williamson, 2019). Estrategias como el aula invertida (*flipped learning*), la gamificación con tecnologías o la programación educativa (con herramientas como Scratch) constituyen claros exponentes de cómo los entornos digitales permiten repensar la práctica docente. En este sentido, la evolución digital de la educación supone también una redefinición del rol del profesorado, exigiéndole no solo un dominio técnico de las herramientas, sino también una adaptación de su labor y de su identidad profesional a un contexto en constante transformación (Gabarda Méndez et al., 2025; Ruiz Domínguez y Area Moreira, 2021).

Para afrontar este reto, se incide en la importancia de que el profesorado desarrolle habilidades y destrezas específicas, ahora compiladas bajo el concepto de "competencial digital docente" (Verdú-Pina et al., 2023), que les permitan no solo manejar las tecnologías digitales, sino integrarlas en su práctica desde una perspectiva pedagógica. Más que familiarizarse con nuevos recursos, se pretende que el profesorado sea capaz de utilizarlos para enriquecer los procesos de enseñanza y aprendizaje, optimizando sus posibilidades didácticas. La digitalización de la escuela demanda, por tanto, no solo nuevos modos de enseñar e interactuar en el aula, sino también una transformación en la manera de concebir la docencia (Palacios y Martín, 2021).

Respecto a las concepciones sobre lo que ha de ser la educación en tiempos tan controvertidos, cabe mencionar la propuesta de un sociólogo norteamericano cuando afirma que la institución escolar ha venido formando a "trabajadores industriales dóciles". Sin embargo, en la sociedad posgeneracional, la escuela ha de dar prioridad a la formación de "pensadores críticos" y creativos, capaces de diseñar distintos itinerarios para mejorar los resultados (Guillén, 2024, pp. 116 y ss.). Su máxima pedagógica es que se ha de superar la ruptura entre generaciones para que los jóvenes aprendan de los mayores y estos de los jóvenes, los nativos de los migrantes y viceversa.

En este escenario, la formación continua del profesorado en competencia digital se erige como un pilar clave para su actualización profesional y para garantizar un uso educativo de las tecnologías en el aula (Lores et al., 2019; Mañas y González, 2023). En los últimos años, la literatura académica ha contribuido intensamente a difundir y legitimar estos discursos. Los cuales también han fraguado en iniciativas y políticas educativas concretas, tanto a nivel nacional como europeo, entre las que destacan el Marco Europeo para Organizaciones Educativas Digitalmente Competentes (DigCompOrg) (Kampylis et al., 2015) y el Marco Europeo de Competencia Digital Docente (DigCompEdu) (Redecker y Punie, 2017). Estos marcos han servido de referencia para el desarrollo de estrategias específicas en distintos países, como el caso de España, donde han sido adaptados en el Marco Común de Competencia Digital Docente (INTEF, 2017), posteriormente reinterpretado en cada una de las diferentes comunidades autónomas.

Dentro de este proceso, la Comunitat Valenciana ha constituido un ejemplo destacado de apuesta por la formación digital del profesorado. Desde hace años, la Administración educativa valenciana ha impulsado diversas iniciativas (formación en centros, cursos fuera del horario lectivo, presenciales y en formato online, Coordinación TIC en cada centro, asesoría para el diseño y ejecución del plan digital de centro, etc.) para así facilitar la transición digital de los centros y fomentar el desarrollo digital de los docentes, diseñando una oferta formativa amplia y diversificada.

En este marco, el presente trabajo examina la formación en materia digital docente promovida por la Administración educativa valenciana. Para ello, se analiza la evolución de las iniciativas institucionales en este ámbito, así como los temas y prioridades que han marcado las acciones formativas recientes. Este análisis permite trazar un panorama detallado de la formación del profesorado en materia digital en la Comunitat Valenciana, identificando sus principales líneas de desarrollo y los retos que aún quedan por abordar.

1. PLANTEAMIENTO METODOLÓGICO

Con el objetivo de dar respuesta a los propósitos de esta investigación, se ha llevado a cabo un análisis detallado y sistemático del catálogo de acciones formativas impulsadas por el organismo encargado de la formación permanente del profesorado en materia digital en el sistema educativo valenciano: el CEFIRE de Competencia Digital Docente. Hasta el curso 2023-2024, este perfil formativo se encontraba bajo la denominación de ámbito de las TIC aplicadas a la Educación.

El estudio aquí presentado se inscribe dentro de una investigación mucho más amplia y desarrollada en el contexto de una tesis doctoral financiada por el Ministerio de Ciencia, Innovación y Universidades del Gobierno de España (Referencia: FPU 16/04009). En este trabajo se analiza el complejo y controvertido fenómeno de la plataformización del trabajo docente y las transformaciones que este proceso conlleva (Pardo Baldoví, 2022), situando la formación permanente en materia digital como una de sus dimensiones clave.

Desde esta perspectiva, el presente trabajo adopta como referencia metodológica la propuesta de análisis documental de Peña Vera y Pirela Morillo (2007), permitiendo examinar de manera estructurada la evolución y las características de la oferta formativa en este ámbito. El proceso de análisis documental se ha estructurado en tres fases diferenciadas. La primera ha consistido en la identificación y recopilación de los documentos pertinentes para su posterior revisión. Una vez reunidos, se ha llevado a cabo una lectura detallada y un examen exhaustivo de la información contenida en ellos. A partir de este estudio, se ha procedido a la sistematización de los datos mediante la elaboración de síntesis que han permitido clasificar, organizar y establecer conexiones entre los distintos elementos analizados.

Este procedimiento no solo ha facilitado la ordenación de la información, sino que también ha permitido una reinterpretación crítica de los contenidos, convirtiendo el análisis en un proceso reflexivo que posibilita cuestionar, redefinir y ampliar la comprensión sobre la realidad estudiada.

Para la aplicación de esta metodología, se han examinado las acciones formativas incluidas en el catálogo de formación permanente del profesorado en materia digital ofertado por la Administración educativa valenciana durante los últimos seis años, desde el curso 2018-2019 hasta la actualidad. La información analizada ha sido extraída de las publicaciones disponibles en la página web del CEFIRE de Competencia Digital Docente. La selección de este periodo responde al interés por examinar en profundidad la evolución de la oferta formativa, identificar las principales temáticas abordadas y comprender su trayectoria. De este modo, el análisis ha permitido obtener los resultados que se presentan en los apartados siguientes.

2. RESULTADOS

Tras explicitar el soporte conceptual así como el tratamiento metodológico de la investigación realizada, se continúa presentando los principales hallazgos obtenidos. Resultados que se han estructurado conforme al esquema recogido en la figura siguiente.

Figura 1. Esquema de presentación de los resultados de la investigación

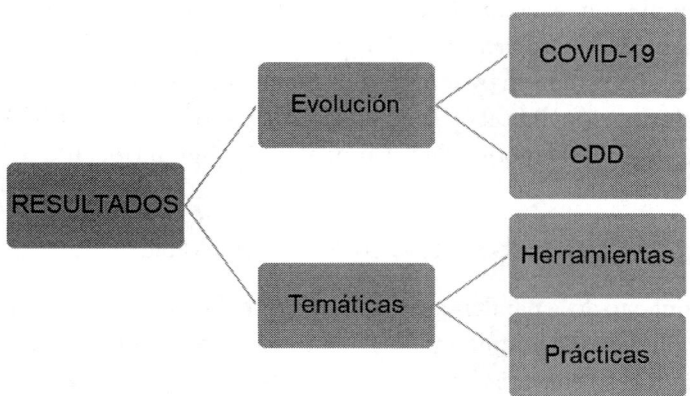

Como se muestra en la figura precedente, los resultados atienden a dos dimensiones fundamentales. La primera se centra en la evolución de la oferta formativa en materia digital para el profesorado, trayectoria en la cual se focaliza la atención en dos elementos clave en el avance y legitimación de este proceso: la situación de crisis sanitaria provocada por el COVID-19 y la progresiva consolidación del enfoque de la Competencia Digital Docente (CDD). Tras ello, la segunda dimensión explora los principales ejes temáticos abordados en dichas acciones formativas, destacando tanto las iniciativas centradas en las herramientas digitales como aquellas que inciden en la transformación de las prácticas pedagógicas.

2.1. Transformación y expansión de la formación digital docente en la Comunitat Valenciana

El estudio revela que la formación permanente del profesorado en tecnologías digitales ha cobrado una relevancia estratégica dentro de las políticas educativas valencianas en el transcurso de los últimos años. La creciente oferta de formación impulsada por el CEFIRE de Competencia Digital Docente es un reflejo de esta tendencia, que se ha fortalecido progresivamente.

Analizando la evolución de la oferta formativa, se evidencia un crecimiento sostenido en la cantidad y diversidad de propuestas disponibles. Este fenómeno responde a la incorporación progresiva de las tecnologías digitales en las aulas, lo que ha generado una demanda constante de actualización y capacitación por parte del profesorado. A su vez, esta evolución ha estado marcada por dos factores clave que han acelerado la transformación digital en la educación: la pandemia de COVID-19 y la consolidación del enfoque de la Competencia Digital Docente (CDD).

2.1.1. Impacto de la crisis sanitaria en la formación digital

El contexto de la pandemia de COVID-19 fue un punto de inflexión en la formación digital del profesorado. La necesidad de garantizar la continuidad del proceso educativo a través de entornos virtuales llevó a una rápida

M. Isabel Pardo Baldoví y Ángel San Martín Alonso

expansión de los recursos y estrategias digitales. Durante este período, se introdujeron nuevas plataformas y herramientas, como ReDi, WebFamilia de ITACA y gvSAI, además del Plan Mulan, que formalizó la colaboración entre la administración educativa y Microsoft, dando con ello entrada a los intereses e influencia del sector privado del desarrollo tecnológico en el sistema educativo público valenciano, que hasta el momento se había mantenido firme en la política de software propio, libre y en valenciano.

Una de las principales innovaciones de esta etapa fue la creación del catálogo de autoformación en el ámbito TIC, que promueve la autonomía del profesorado en su capacitación digital, apostando por un enfoque más individualista, en el que subyace el capitalismo cognitivo. Este nuevo modelo formativo no solo amplió el acceso a los contenidos, sino que también marcó el inicio de un proceso de digitalización integral de la formación permanente del profesorado.

2.1.2. La consolidación de la Competencia Digital Docente

Paralelamente al impacto de la pandemia, la asimilación del modelo de Competencia Digital Docente ha redefinido la estructura y orientación de la formación permanente del profesorado en materia digital. La adaptación de los marcos europeos y su implementación a nivel nacional han consolidado este enfoque como eje central de la capacitación docente en tecnologías digitales.

Este cambio ha supuesto una transición desde una formación centrada en el uso técnico de herramientas digitales hacia un modelo más holístico que abarca el desarrollo de habilidades y estrategias didácticas aplicadas. Además, ha impulsado la diversificación de los formatos formativos, incorporando nuevas modalidades como congresos, encuentros de buenas prácticas y jornadas especializadas. Estos nuevos modelos se ajusten a la lógica y a los patrones del imaginario *soft*, que opta por formatos más flexibles y desregulados, incidiendo en la aplicabilidad y transferibilidad de las propuestas formativas. Las cuales, ahora, deben centrarse en "el hacer", como exige el propio modelo de competencias.

2.2. Temáticas clave en la formación digital del profesorado

En cuanto a los contenidos abordados en la formación institucional ofrecida en la Comunitat Valenciana, el análisis documental muestra que las propuestas actuales se articulan en torno a dos grandes líneas: la capacitación en herramientas digitales y el desarrollo de habilidades y destrezas pedagógicas aplicadas al entorno educativo digital.

2.2.1. Formación orientada a herramientas digitales

La capacitación en herramientas digitales ha sido históricamente el eje central de la formación en tecnologías aplicadas a la educación. Esta línea formativa ha evolucionado en función de la transformación de las plataformas y recursos disponibles. Mientras que en los primeros años predominaban cursos sobre el manejo de Pizarras Digitales Interactivas y plataformas como *Mestre a Casa* (hoy sustituida por *Aules*), en la actualidad se priorizan propuestas alineadas con las tecnologías emergentes y las necesidades específicas del profesorado.

Cabe destacar que gran parte de esta formación se centra en herramientas digitales desarrolladas por la Administración Educativa valenciana o en plataformas privadas con carácter prescriptivo, como Microsoft Office, enmarcado en el *Plan Mulan*. Este enfoque no solo responde a la digitalización del profesorado, sino también a la necesidad de homogeneizar y estandarizar los recursos empleados en los centros educativos.

2.2.2. Formación enfocada en la práctica pedagógica

A la par de la capacitación técnica, la formación en Competencia Digital Docente ha impulsado un enfoque más aplicado, orientado a la integración efectiva de las tecnologías en la práctica educativa. Desde esta línea formativa se abordan tanto las estrategias pedagógicas enmarcadas dentro del "paraguas" de las buenas prácticas y la innovación, como las facetas relativas a la gestión escolar y a la ciberseguridad.

Dentro del ámbito didáctico, destacan propuestas vinculadas a metodologías activas como el aula invertida, la gamificación, el uso de realidad aumentada e inteligencia artificial en el aula, la robótica educativa y el pensamiento computacional. Asimismo, se han desarrollado iniciativas centradas en la gestión digital del aula, abordando temáticas como la ciberconvivencia, la seguridad de datos y la coordinación TIC en los centros escolares.

2.3. Análisis comparativo

Para facilitar una visión más clara de la evolución de la formación digital docente en la Comunitat Valenciana, se ha elaborado una tabla comparativa que sintetiza los principales cambios experimentados en la oferta formativa desde sus inicios hasta la actualidad, como se muestra a continuación:

Tabla 1. Análisis comparativo de la formación permanente del profesorado en materia digital en la Comunitat Valenciana

Característica	Inicios	Actualidad
Modalidad predominante	Formación presencial y en línea	Expansión de autoformación y aprendizaje flexible
Enfoque formativo	Manejo de herramientas digitales	Desarrollo de competencias digitales aplicadas
Plataformas principales	Mestre a Casa	Aules, ReDi, Microsoft Office (Plan Mulan)
Metodologías abordadas	Poca presencia de metodologías activas	Aumento de estrategias como gamificación, aula invertida, IA educativa
Gestión escolar digital	Formación incipiente en administración digital	Consolidación de las tecnologías en la gestión, protección de datos y coordinación escolar

Este análisis comparativo pone de manifiesto el notable crecimiento y transformación de la formación digital docente en la Comunitat Valenciana, evidenciando su evolución hacia un modelo más flexible, aplicado y centrado en la Competencia Digital Docente.

3. DISCUSIÓN Y CONCLUSIONES

Ante un escenario educativo como el descrito en la introducción, cada vez más digitalizado y donde la integración de las tecnologías en la dinámica escolar es ya una realidad consolidada (Decuypere et al., 2021), las demandas formativas del profesorado han evolucionado significativamente. Para responder a estas nuevas tendencias, la formación permanente en materia digital se ha convertido en un pilar fundamental dentro de la oferta formativa docente (Pardo Baldoví, 2022).

El análisis realizado evidencia que la Administración Educativa valenciana ha situado esta formación como una prioridad desde hace años, en sintonía con las estrategias nacionales y europeas, que han venido enfatizando la necesidad de fortalecer la competencia digital docente. Esta tendencia se ha materializado en un conjunto de políticas e iniciativas destinadas a mejorar las capacidades tecnológicas del profesorado, entre las que destacan los Marcos de Competencia Digital (INTEF, 2017; Kampylis et al., 2015; Redecker y Punie, 2017).

En el ámbito competencial de la Generalitat Valenciana, la progresiva digitalización y plataformaización del sistema educativo han reforzado la relevancia de la formación en tecnologías digitales. Estudios previos realizados en distintos entornos (Lores et al., 2019; Mañas y González, 2023) confirman esta tendencia, que ha experimentado un importante impulso con la crisis de la COVID-19 y el creciente reconocimiento de la competencia digital docente como un elemento clave en la transformación del sistema escolar.

Como resultado, en la Comunitat Valenciana se ha producido una notable expansión de la oferta de formación permanente en tecnologías digitales, inicialmente desarrollada desde el ámbito de las TIC aplicadas a la educación, y posteriormente a través del CEFIRE de Competencia Digital Docente. Su evolución ha estado marcada por una diversificación tanto en la cantidad como en la naturaleza de las acciones formativas, que han crecido de manera acelerada y progresiva. Se ha pasado de una oferta centrada en un catálogo tradicional de cursos a una estructura más flexible y adaptativa, que incorpora modalidades como jornadas, congresos, encuentros y autoformación, permitiendo mayor autonomía y personalización en el aprendizaje del profesorado. De hecho, el director de un centro público con 37 docentes y mucha movilidad, insistía en que la "formación colaborativa" organizada entre ellos en el centro era la que realmente provocaba cambios entre las y los compañeros. Este director, junto a su equipo directivo, insistieron en varias ocasiones que el éxito de este modelo depende, "en buena medida, de la formación inicial del profesorado".

Al mismo tiempo, también se ha producido una transformación en los enfoques temáticos de la formación. Si bien en sus inicios el foco principal se situaba en el uso de herramientas digitales, actualmente se observa un desplazamiento hacia un modelo basado en el desarrollo integral de la Competencia Digital Docente. Este enfoque, sin dejar de lado la dimensión instrumental y técnica, amplía su perspectiva para incluir aspectos pedagógicos, organizativos y de gestión escolar, con el objetivo de potenciar el impacto de las tecnologías en las prácticas educativas cotidianas.

Todo ello demuestra que el ámbito de formación de las TIC aplicadas a la educación y, posteriormente, el CEFIRE de Competencia Digital Docente se han erigido como agentes clave en la transformación digital del sistema educativo valenciano. A través de la formación, se ha conseguido influir en la evolución del trabajo docente y en las concepciones sobre el papel de las tecnologías digitales en la escuela. Este fenómeno choca significativamente con la reciente medida de supresión del CEFIRE de Competencia Digital Docente emprendida por el actual gobierno valenciano, liderado ahora por otros partidos políticos (factor determinante de las cambiantes políticas seguidas en la digitalización). Su desaparición genera incertidumbre y plantea múltiples interrogantes que deben ser abordados desde la reflexión y la investigación. Si bien el CEFIRE ha sido eliminado, la digitalización y plataformización de la escuela valenciana siguen avanzando, consolidándose como un fenómeno imparable. A medida que las tecnologías digitales evolucionan y se integran cada vez más en los procesos educativos, surgen nuevas necesidades formativas y nuevas dudas que requieren respuestas adecuadas desde la formación permanente.

En síntesis, el estudio confirma el papel cada vez más relevante de la formación digital en el desarrollo profesional docente, lo que subraya la necesidad de continuar investigando esta realidad. Es fundamental garantizar que las propuestas formativas respondan a las necesidades y contextos del profesorado, evitando que se conviertan en meros mecanismos de estandarización promovidos por la Administración. La formación docente debe aspirar no solo a mejorar el dominio técnico de las herramientas digitales, sino también a incorporar una reflexión crítica sobre sus implicaciones éticas y pedagógicas (Gutiérrez Martín, 2022). En definitiva, el objetivo debe ser promover un uso consciente, pedagógico y transformador de las tecnologías digitales en las aulas, contribuyendo así al fortalecimiento de la alfabetización mediática e informacional del alumnado.

4. REFERENCIAS BIBLIOGRÁFICAS

Decuypere, M., Grimaldi, E., & Landri, P. (2021). Introduction: Critical studies of digital education platforms. *Critical Studies in Education, 62*(1), 1-16. https://doi.org/10.1080/17508487.2020.1866050

Gabarda Méndez, V., Pardo Baldoví, M. I., Sánchez Cruz, M., & Marín Suelves, D. (2025). The digital teacher: the influence of initial and in-service training on teachers' digital competence. *IJERI: International Journal of Educational Research and Innovation*, (23). https://doi.org/10.46661/ijeri.10769

Guillén, M. (2024). La revolución multigeneracional. Cómo la demografía y la tecnología transformarán el aprendizaje, el trabajo y el consume a cualquier edad. Deustro.

Gutiérrez Martín, A. (2022). Alfabetización múltiple y formación en TIC y Medios. *Biblioteca Universitaria, 25*(1). https://doi.org/10.22201/dgbsdi.0187750xp.2022.1.1446

Kampylis, P., Punie, Y., & Devine, J. (2015). *Promoting effective digital-age learning. A European framework for digitally competent educational organisations.* JRC Science Hub. https://doi.org/10.2791/54070

Lores, B., Sánchez, P., y García, M. R. (2019). La formación de la competencia digital en los docentes. *Profesorado, Revista de Currículum y Formación del Profesorado, 23*(4), 234-260. https://doi.org/10.30827/profesorado.v23i4.11720

Mañas, M., y González, B. (2023). Formación en competencia digi¬tal del profesorado de educación primaria e infantil en España. Una revisión bibliométrica de la literatura. *Publicaciones, 53*(1), 137-162. https://doi.org/10.30827/publicaciones.v53i1.27990

Miller, Ch. (2023). *La guerra de los chips.* Península.

Palacios, A., y Martín, L. (2021). Formación del profesorado en la era digital. Nivel de innovación y uso de las TIC según el Marco Común de referencia de la Competencia digital docente. *Revista De Investigación y Evaluación Educativa, 8*(1), 38-53. https://doi.org/10.47554/revie2021.8.79

Pardo Baldoví, M. I. (2022). *Impacto de las plataformas digitales en el profesorado de Educación Infantil y Primaria: precarización del trabajo docente* [Tesis de doctorado, Universitat de València]. RODERIC.

Pardo Baldoví, M. I., San Martín Alonso, Á., y Cuervo Montoya, E. (2019). La performatividad docente en el entorno digital de los centros escolares: redefinición del trabajo didáctico. *REIDOCREA, 8*(2), 6-18. https://doi.org/10.1590/0104-4060.68491

Peña Vera, T., y Pirela Morillo, J. (2007). La complejidad del análisis documental. *Información, cultura y sociedad,* (16), 55-81.

Redecker, C., & Punie, Y. (2017). *Digital Competence of Educators DigCompEdu.* Publications Office of the European Union. https://doi.org/10.2760/178382

Ruiz Domínguez, M. Á., y Area Moreira, M. (2021). La transferencia del conocimiento en la red. Análisis del portal educativo Yo Soy Tu Profe. EDUTEC. *Revista Electrónica De Tecnología Educativa,* (76), 159-180. https://doi.org/10.21556/edutec.2021.76.1917

San Martín Alonso, Á. (2009). *La escuela enredada. Formas de participación escolar en la sociedad de la información.* Gedisa.

Sánchez-Caballé, A., y Esteve-Mon, F. J. (2023). Análisis de las metodologías docentes con tecnologías digitales en educación superior: una revisión sistemática. *RIED-Revista Iberoamericana de Educación a Distancia, 26*(1), 181-199. https://doi.org/10.5944/ried.26.1.33964

Verdú-Pina, M., Lázaro-Cantabrana, J. L., Grimalt-Álvaro, C., y Usart, M. (2023). El concepto de competencia digital docente: revisión de la literatura. *Revista electrónica de investigación educativa, 25,* e11. https://doi.org/10.24320/redie.2023.25.e11.4586

Williamson, B. (2019). *El futuro del currículum. La educación y el conocimiento en la era digital.* Morata.

Las Comunidades de Práctica (CoP) como espacios para el desarrollo profesional docente: análisis del caso CAVILA

Mercedes Romero Rodrigo
Universitat de València

Silvia López Rodríguez
Universidade de Santiago de Compostela

Ana Rodríguez Guimeráns
Universidade de Santiago de Compostela

Pablo Gayo Pérez
Universidade de Santiago de Compostela

1. Introducción

La formación docente ha sido históricamente una preocupación central en el ámbito educativo. En el contexto universitario actual, caracterizado por una mayor individualización y reducción de espacios de intercambio profesional más allá de congresos y jornadas, esta formación suele reducirse a la realización de cursos, frecuentemente concebidos como mera transmisión de conocimientos teóricos, que además refuerzan el individualismo docente (Bozu e Imbernon, 2009; Barragán, 2015). Frente a estas propuestas en las que el profesorado carece de apoyo y acompañamiento a lo largo del tiempo, emergen alternativas como las comunidades de práctica (CoP). Estas se conciben como espacios colectivos en los que, gracias a un interés común, la promoción de las relaciones, así como el intercambio de ideas, experiencias y saberes, logran una mayor profesionalización docente. Investigaciones previas en el contexto universitario como la de Bozu e Imbernon (2009) mostraron como una experiencia de CoP puede contribuir significativamente a la mejora de la docencia e investigación, lo que las convierte en una opción enriquecedora y complementaria a la formación permanente tradicional del profesorado.

Este trabajo se estructura en tres ejes que guían el desarrollo del capítulo. En primer lugar, se abordan los elementos conceptuales y distintivos que permiten comprender las CoP como una alternativa integral para la formación permanente del profesorado. En segundo lugar, se analiza a modo de ejemplo un grupo creado por profesorado para intentar explicar de forma práctica qué es una CoP, se trata del grupo CAVILA. A partir de la valoración de sus miembros, se exponen tanto los principales desafíos como oportunidades del caso, para finalmente presentar una serie de recomendaciones generales orientadas a favorecer el desarrollo de las CoP como una propuesta sólida y sostenible para la formación permanente del profesorado.

2. CoP: fundamentos y elementos distintivos

Existe un consenso generalizado en torno a la definición de las CoP, un concepto acuñado en los años noventa por Lave y Wenger (1991), cuya formulación original ha permanecido, en gran medida, invariable hasta la actualidad. Si bien su origen se sitúa en el ámbito empresarial, el concepto ha sido transferido con éxito a contextos educativos y formativos. En esencia, una CoP se conforma por un grupo de personas que comparten un interés común a nivel profesional y que, de manera más o menos sistematizada, se organizan en torno a una figura facilitadora (mentora, animadora o dinamizadora) para continuar aprendiendo y desarrollándose juntas (Sanz-Martos, 2020). Estas comunidades suelen emerger como respuesta a una necesidad compartida o a la resolución de un problema, aprovechando el conocimiento colectivo y las sinergias que surgen entre sus integrantes. No obstante, para que pueda hablarse propiamente de comunidad de práctica (y no de otra forma organizativa) es necesario que se den ciertas condiciones, características y fases de desarrollo específicas.

En este sentido, es importante distinguir las CoP de otros conceptos afines tales como grupos temáticos o comunidades de interés (CInt), grupo o red de aprendizaje (GApr), comunidades de aprendizaje (CApr), comunidades espaciales (CEsp) o sociales (CSoc) y comunidades de valor (CV). Asimismo, se estima oportuno considerar otras propuestas que diferencian entre grupo de aprendizaje (GApr), comunidad de práctica (CoP) y red de práctica (RPra). Esta propuesta parte de una agrupación más informal y efímera, donde el grupo implica un estadio menor de desarrollo mientras que la red representa una forma más amplia de colaboración profesional. Aunque estos conceptos comparten elementos comunes presentan matices propios que resultan esenciales para su compresión diferenciada (Tabla 1).

Tabla 1. Comunidades de práctica y conceptos afines.

	Propósito	Compromiso y duración	Comunicación y participación	Liderazgo
Comunidad de interés (CInt)	Compartir información, apoyar intereses comunes.	Variable, menos estructurado, puede ser esporádico.	Flexible, centrada más en recibir que en construir.	Variable, a menudo informal o espontáneo.
Grupo de aprendizaje (GApr)	Resolución de problemas reales.	Fuerte, basado en la confianza. Temporal (antecedente CApr).	Directa, favorecida por menor tamaño.	En torno a una persona que aglutina, facilitadora. Confianza.
Comunidad espacial (CEsp) o social (CSoc)	Interacción social, sentido de pertenencia, identidad compartida, lazos afectivos o culturales. La primera está vinculada a un territorio, la segunda no necesariamente.	Basado en relaciones. Variable.	Relaciones horizontales. Participación espontánea y flexible.	Variable (depende de la comunidad), puede ser simbólico.
Comunidad de aprendizaje (CApr)	Construcción colaborativa de conocimiento y aprendizajes de la comunidad educativa.	Fuerte y vinculada al contexto. Sostenida en el tiempo (proyecto a largo plazo).	Horizontal, activa, centrada en el intercambio, aprendizaje compartido.	En el contexto escolar: órganos colegiados y de gobierno.

Comunidad de práctica (CoP)	Profesional, orientada a la mejora y desarrollo técnico y crítico. Proximidad geográfica relativa. Organizada, sistematizada y creíble.	Especialmente fuerte en los dos primeros niveles (líderes/animadores y miembros activos), sostenida en el tiempo, organizada.	Vertical y horizontal. Participación activa en subgrupos, pasiva en una parte importante de los miembros (participación periférica).	Importancia de la estructura, tres grupos en función de la participación (líderes, miembros activos, miembros periferia). Reconocimiento de liderazgo.
Red de práctica (RPra)	Compartir conocimiento entre CoP con objetivos profesionales similares.	Similar a CoP, no necesaria proximidad geográfica.	La virtualidad es esencial (diferencia CoP). Tamaño: mayor que CoP. Integra varias (nodos).	Liderazgo colegiado entre los nodos.
Comunidades de valor (CV)	Crear valor añadido a través de la colaboración de sus miembros (sea profesional, social, cultural, educativo o temático/interés). Propósito, compromiso, duración, comunicación, participación y liderazgo dependen del tipo de comunidad.		

Fuente: Adaptado de Armengol et al. 2015; Barragán, 2015; Brown y Duguid, 2000; Moles, 2015; Garzón, 2020; Vásquez, 2011.

En el caso que nos ocupa, en la formación permanente del profesorado es esencial adaptar el concepto de comunidad de práctica a las características del entorno educativo/formativo, reconociendo tanto la diversidad de perfiles profesionales que pueden participar en CoP como la riqueza de incluir en la comunidad profesionales de etapas formativas distintas.

Las CoP deben entenderse no solamente como un espacio para el desarrollo profesional, sino en un sentido más profundo, como un espacio para el desarrollo individual y colectivo de sus miembros. Esta concepción incorpora dimensiones filosóficas, éticas, morales, políticas y críticas, entendiendo el aprendizaje como un fenómeno situado, es decir, un aprendizaje que se construye socialmente y que está vinculado al contexto específico en el que ocurre (Vásquez, 2011), integrando experiencias, conocimientos y prácticas compartidas por sus miembros.

Frente a una visión reducida del saber como mera acumulación técnica, las CoP promueven el reconocimiento del saber práctico (Barragán, 2015), en línea con lo que Lave y Wenger (1991) acuñaron como participación periférica y participación legítima. Este proceso permite que los nuevos integrantes aprendan y se integren paulatinamente en la comunidad a través de la participación progresiva, pudiendo participar con distintos grados de compromiso e intensidad (Bosco y Iglesias, 2015).

Entre las características fundamentales de las CoP destacan el dominio, comunidad y práctica (Wenger, 2011). Estos componentes abarcan desde el interés o problema común que las origina, el grupo de personas que las conforman (las cuales se identifican y comparten un sentimiento de pertenencia), hasta los productos: aprendizajes, experiencias, formas de hacer, herramientas, etc. que los miembros adoptan. El dominio proporciona un propósito, una razón de ser a la comunidad, es decir, la legitima. La comunidad favorece el contexto, el clima y la cultura de trabajo del grupo mientras que la práctica se convierte en el saber compartido y situado. Vásquez (2011) retomó esta propuesta haciendo mayor énfasis en las relaciones entre los miembros: empresa conjunta, compromiso mutuo y repertorio compartido, elementos que derivan de los conceptos de cosificación e identidad (Wenger, 2001). En cuanto al dominio, es necesario considerar la identidad como un fenómeno en construcción constante dentro de las comunidades y, por lo tanto, evoluciona con el paso del tiempo. Esto se relaciona, a su vez, con la interacción, pero también con la apropiación de los saberes, valores y propósitos de las CoP. Por otro lado, la cosificación se refiere a la materialización de la práctica en algo tangible que no es neutro, sino resultado de acuerdos y significados otorgados por sus miembros. Se trata, por lo tanto, de procesos complementarios que impactan en el proceso de desarrollo y transformación de las comunidades y sus participantes. A esto se suman tres elementos esenciales para la concreción de la CoP (Vásquez, 2011): la organización, que implica la existencia de una estructura interna que favorezca la coordinación, el establecimiento de objetivos, planificación de acciones y promoción de la participación; la sistematización, orientada a la compartición de prácticas y conocimientos, visibilizando lo invisible, documentando y ofreciendo retroalimentación de los procesos para continuar mejorando; y la credibilidad, entendida como el reconocimiento de sus miembros, su trayectoria y aportes a la CoP, así como al contexto en el que se desarrolla.

3. Del impulso inicial a la consolidación: fases de una CoP

Identificar y comprender las fases que atraviesa una CoP desde su origen hasta su consolidación, e incluso su posible desaparición en algunos casos, permite identificar momentos clave en su trayectoria, así como los retos y oportunidades para afianzarse como estrategia formativa. Son múltiples las autorías que han centrado sus investigaciones en esta cuestión (Wegner et al., 2002; Garzón, 2020; Barragán, 2015) sin un consenso unánime con relación a la cantidad de fases existentes ni con las actividades correspondientes a cada una de ellas. Por ello, este apartado presenta una síntesis de diferentes modelos aportados desde la investigación para así realizar una propuesta de reinterpretación de las fases que atraviesan las CoP especialmente aplicadas al caso concreto sujeto de estudio en este capítulo.

El modelo de etapas de desarrollo más defendido es el explicado por Wenger et al. (2002) y apoyada por trabajos como los de Garzón (2020) o Sanz-Martos (2010) en el que se distinguen cinco momentos en la vida de las CoP: potencial, en proceso de integración, activa, dispersa y memorable. La fase de potencial sería aquella en la que las personas se enfrentan a problemáticas similares, pero sin percibir los beneficios de la práctica compartida. Se trata de una fase en la que se encuentran puntos en común. En la segunda etapa, denominada en proceso de integración, los miembros ya reconocen su potencial y exploran formas de vincularse. Es en este momento donde Garzón (2020) apoyándose en McDermont y O'dell (2001) identifica una serie de categorías de acción claves para conseguir una estructura organizada: administración, exigencias, tecnología y miembros de la comunidad. La tercera etapa sería la activa, donde los miembros se involucran para desarrollar su práctica. A continuación, si la actividad disminuye, entraría en la etapa dispersa, en la cual los miembros no se involucran del mismo modo, pero la CoP sigue existiendo gracias a la comunicación entre las personas implicadas. Finalmente, la etapa memorable es aquella en la que la CoP deja de producir, pero ya ha creado un sentimiento de identidad y pertenencia entre sus integrantes, que cuentan historias, recuerdos y mantienen viva la memoria del grupo.

Autores como Barragán (2015) refuerzan las fases mencionadas añadiendo un elemento clave y de relevancia como es el "acompañamiento y evaluación (...) como estrategia investigativa que permite que los participantes lleguen a acuerdos que les posibilitan reconfigurar sus prácticas" (p.159).

Pérez-Montoro y Martínez (2011) reelaboran el modelo de Wegner et al. (2002) manteniendo sus etapas centrales pero con variaciones en la primera y las dos últimas. Para estos autores, que exponen una clasificación por fases, la primera corresponde con la Proto-CoP, donde existe un grupo de gente entusiasta pero sin estructura de sustento. Seguidamente, entraría la fase de CoP desarrollada, en la que surge una comunidad genuina que transfiere el conocimiento e intercambia información. La fase de CoP consolidada, sería aquella en la que se distribuyen responsabilidades específicas y hay miembros activos, con reuniones periódicas y aparece el apoyo de las tecnologías de la información y comunicación (TIC). La última fase sería la de CoP madura donde se encuentra una comunidad consolidada, visible e integrada en la identidad de las personas que la conforman.

En el presente estudio y basado en el caso a analizar, se utiliza una combinación del modelo tradicional de Wenger et al. (2002) y el de Pérez-Montoro y Martínez (2011). De este modo, las etapas entendidas serían: Proto-CoP, proceso de integración, activa o consolidada y, a partir de este momento, se propone una bifurcación en las etapas de la vida de las CoP. A la etapa de actividad podría sucederle una de maduración o, por el contrario, de dispersión. Asimismo, una vez finalizada la etapa de maduración, sería posible entrar en una etapa de dispersión que podría desembocar en una memorable o, podría retornar a un nuevo momento de actividad. Este nuevo modelo combinado se representa con mayor claridad a través de la siguiente figura.

Figura 1. Etapas de creación y desarrollo de las CoP.

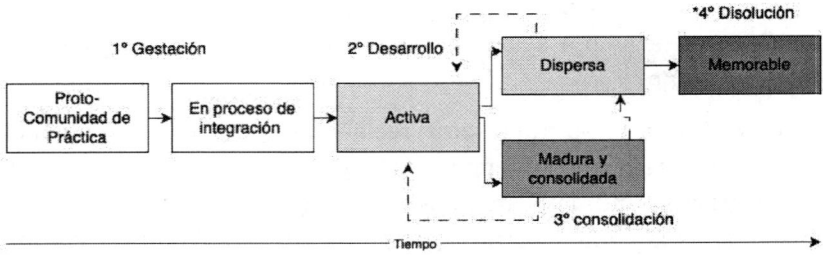

4. De la teoría a la práctica: análisis de CAVILA como CoP

4.1. ¿Qué es CAVILA?

CAVILA es un grupo de profesionales de la educación que comienza a gestarse en un contexto de inquietudes compartidas en torno a los materiales curriculares y su papel en la educación. Uno de los momentos significativos en ese proceso de creación del grupo fue el "Congreso Materiais curriculares e diversidade sociocultural en Galicia", celebrado en Santiago de Compostela en el año 2001. En ese espacio coincidieron personas interesadas en reflexionar -o cavilar- colectivamente sobre estas cuestiones. A partir de ese impulso, junto con otras confluencias derivadas de prácticas docentes e investigadoras vinculadas a los recursos educativos, se fue configurando un colectivo estable de análisis y debate, cuya primera acta como grupo está fechada el 7 de marzo de 2002. Desde entonces, CAVILA tiene como propósito generar espacios de reflexión crítica sobre la elaboración, selección y uso de los materiales didácticos en contextos educativos diversos, promoviendo iniciativas que permitan a la comunidad educativa disponer de herramientas que faciliten que la toma de decisiones sobre los materiales curriculares se lleve a cabo de una forma crítica y constructiva, no estando solo en función de lo que determinan las editoriales (Grupo "Cavila", 2006).

En palabras de Jesús Rodríguez-Rodríguez, miembro fundador de CAVILA:

> Necesitabamos crear un contexto no que os diferentes membros da comunidade educativa puideran analizar os materiais didácticos de diferentes tipo, -dun xeito especial os libros de texto-, podendo ser conscientes das eivas que poderían posuír, pero tamén para coñecer as súas posibilidade ao servizo dunha escola crítica e transformadora. Igualmente era importante para nós que o profesorado poida coñecer diferentes modelos e guías cos que poder analizar os materiais didácticos. (J. Rodríguez-Rodríguez, comunicación personal, 26 de mayo de 2025)

Entre las acciones más destacadas de este grupo cabe señalar la organización de las "Xornadas de Materiais e Recursos Educativos", cuya décima edición se celebró en el año 2024 y estuvo centrada en la inclusión y los materiales didácticos en el aula. Asimismo, se destaca la ideación e impulso de los Premios Educacompostela (en colaboración con el Concello de Santiago de Compostela), con el objetivo de reconocer, promover, premiar y difundir públicamente aquellos materiales educativos que, por su valor e interés, puedan contribuir al desarrollo educativo de Galicia, fomentando la innovación, la calidad educativa y la renovación pedagógica. En el año 2025, estos premios alcanzan su decimosexta edición. También es relevante la publicación de artículos y libros sobre el grupo y sobre materiales didácticos. A este respecto, pueden consultarse, por ejemplo, Rodríguez-Rodríguez (2003, 2006), Pose-Blanco y Rodríguez-Rodríguez (2008), Castro-Rodríguez et al. (2013), Vicente-Álvarez et al. (2018), así como el documento más reciente "Medidas necesarias para mellorar a dixitalización nas aulas galegas" (Grupo Cavila y Grupo de Investigadores/as Secundari@ Dixit@l-Galicia, 2025).

Desde el año 2010, otra de las acciones más significativas del grupo es la organización del *Seminario-taller de evaluación de materiales didácticos Jaume Martínez Bonafé*. Este evento, desarrollado anualmente, se ha consolidado como un espacio de encuentro, formación y transferencia de conocimiento entre profesionales de distintos ámbitos. El seminario combina sesiones teóricas con talleres prácticos, en los que participan docentes, investigadoras e investigadores, responsables institucionales, editoriales, asociaciones de madres y padres, municipios, universidades y otros colectivos relacionados con la educación. A lo largo de sus ediciones, se ha promovido un enfoque participativo y colaborativo que ha permitido identificar necesidades comunes, contrastar perspectivas y generar propuestas compartidas para la mejora de los materiales utilizados en contextos educativos diversos (Vicente-Álvarez et al., 2018).

Conviene subrayar que todas las acciones de CAVILA se desarrollan desde el compromiso personal, de manera voluntaria, militante, generosa y altruista.

En la actualidad, está formado por 14 personas (tres de las cuales de reciente incorporación) y está constituído como grupo de trabajo en el Movimiento de Renovación Pedagógica Nova Escola Galega (NEG). No obstante, su trabajo se amplía y enriquece mediante la colaboración habitual con otras personas vinculadas a redes, instituciones y colectivos externos, que se suman a las actividades organizadas por el grupo. Esta estructura flexible y expandida permite que CAVILA funcione como un nodo dinamizador de intercambios profesionales, conectando agentes educativos de distintos niveles y territorios en torno a un interés común: la evaluación de los materiales didácticos para un mejor diseño, elaboración y uso.

Figura 2. Configuración de CAVILA como nodo dinamizador.

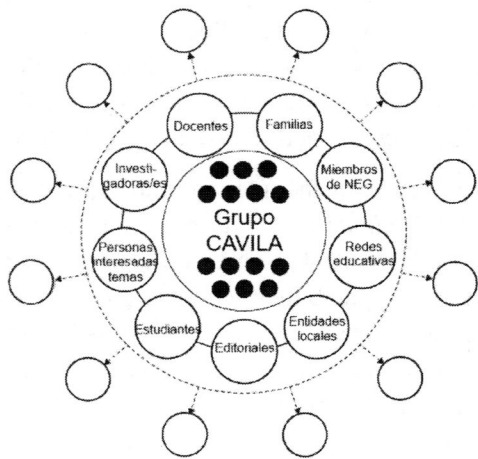

4.2. ¿Se puede considerar CAVILA una CoP?

Con el objetivo de analizar si CAVILA puede considerarse una comunidad de práctica, se ha adaptado el instrumento elaborado por Barrera-Corominas et al. (2015). Su finalidad es ofrecer una serie de indicadores que permitan determinar si una iniciativa colectiva responde a las características propias de una CoP y en qué etapa de desarrollo se encuentra. A este cuestionario se le han añadido algunos ítems adicionales para valorar el clima interno del grupo y detectar necesidades de mejora. Por lo tanto, el cuestionario se estructura en dos bloques. El primero está organizado en cuatro secciones, en los que cada afirmación se presenta en forma de ítem cerrado con respuesta dicotómica (Sí / No):

- Composición: analiza si el grupo está formado por profesionales con trayectorias diferentes pero relacionadas, si existe un interés común por mejorar la práctica profesional, y si se percibe un compromiso colectivo.

- Finalidad: explora si el grupo se organiza en torno al intercambio de experiencias, la reflexión crítica, la innovación profesional y la producción de conocimiento.

- Condiciones: valora aspectos como la existencia de objetivos compartidos, la calidad de las interacciones, la cohesión, la confianza, la disposición de tiempo y la implicación de liderazgos clave.

- Funcionamiento: examina los canales de comunicación, el uso de tecnologías, la claridad en la toma de decisiones y la definición de roles, así como la existencia de recursos y normas compartidas.

El segundo bloque del cuestionario se centra en conocer cómo cada persona vive su participación en el grupo. Mediante una escala del 1 al 4 en la que 1 equivale a poco y 4 a mucho, se valora la implicación, motivación, interés, percepción del funcionamiento y del ambiente de trabajo en equipo. Asimismo, incluye preguntas abiertas y de opción múltiple que permiten identificar posibles mejoras organizativas, con especial atención a aspectos relacionados con la tecnología digital. El cuestionario fue trasladado a *Google Forms* y se compartió con todas las personas del grupo a través de *WhatsApp* durante el mes de mayo de 2025. La participación fue voluntaria y anónima, obteniéndose 9 respuestas.

4.3. Resultados

A partir del análisis de las respuestas, y tomando como referencia la lista de comprobación para identificar las fases de desarrollo de una CoP (Barrera-Corominas et al., 2015), se procedió a clasificar cada participación dentro de una de las tres fases propuestas: gestación, desarrollo o consolidación.

Los datos muestran que seis de las nueve personas consideran que el grupo se encuentra en la fase de consolidación, lo que indica una percepción predominante de que CAVILA ha alcanzado un nivel de madurez organizativa y funcional propio de una comunidad de práctica plenamente desarrollada. En esta fase, los miembros no solo comparten tareas y objetivos, sino que disponen de métodos de trabajo comunes, asumen roles diferenciados y muestran capacidad de adaptación colectiva, propio de una subetapa activa (Figura 1). Se trata de un estadio en el que la creación de conocimiento es ya una práctica integrada en el funcionamiento cotidiano del grupo.

Una persona sitúa al grupo en la fase de desarrollo, que se caracteriza por el establecimiento progresivo de consensos, la organización de responsabilidades y la búsqueda de objetivos compartidos. Es una etapa en la que ya existe una clara orientación hacia la mejora profesional, aunque los marcos de funcionamiento todavía están en construcción. Otra persona lo ubica en la fase de gestación, que refleja un momento más inicial, centrado en el reconocimiento de intereses comunes, el intercambio informal de experiencias y la voluntad de colaboración, pero sin estructuras formales de organización ni roles definidos. Si bien atendiendo a la propuesta de Barrera-Corominas et al. (2015) estaríamos ante dos fases diferentes, en el caso de CAVILA podría considerarse que ambas percepciones la sitúan en etapas previas a la actividad como pueden ser Proto-CoP y proceso de integración. Por último, una respuesta no identifica que el grupo cumpla los criterios mínimos para ser considerado aún una comunidad de práctica, lo que puede interpretarse como una percepción de desconexión respecto al proceso grupal.

En conjunto, los datos permiten afirmar que, desde la perspectiva mayoritaria de quienes participaron en la evaluación, CAVILA puede considerarse una comunidad de práctica en fase de consolidación o madurez. No obstante, la diversidad de respuestas evidencia la necesidad de seguir reforzando la participación equitativa y la implicación compartida, para asegurar que todas las personas se reconozcan dentro del mismo proceso colectivo y encuentren sentido en su pertenencia al grupo.

En relación con los aspectos más vinculados a la vivencia interna del grupo, las personas participantes valoraron, en una escala del 1 al 4, su grado de acuerdo con cinco afirmaciones orientadas a evaluar la motivación individual, la percepción del funcionamiento y el ambiente de trabajo colectivo.

Los resultados muestran, en general, valores medios elevados, especialmente en lo que respecta al interés y la motivación por participar en las actividades del grupo. Las valoraciones medias de cada ítem fueron las siguientes:

- Me interesa participar en las actividades: 3,66
- Tengo entusiasmo o motivación para participar: 3,56
- El ambiente de trabajo en equipo es positivo: 3,56
- Me siento implicado/a en las actividades de CAVILA: 3,22
- Considero que el grupo funciona de manera adecuada: 2,89

Estos datos sugieren que, si bien el ambiente y la disposición hacia el grupo son claramente positivos, la percepción sobre el funcionamiento organizativo es algo más baja, lo que podría señalar la necesidad de mejorar ciertos aspectos estructurales o de coordinación. También se observa que la implicación media, aunque aceptable, podría fortalecerse para evitar entrar en una etapa de dispersión.

En la parte final del cuestionario, se pidió valorar una serie de propuestas para mejorar el funcionamiento del grupo, también en una escala del 1 al 4. Las puntuaciones reflejan un alto nivel de consenso en torno a la necesidad de introducir mejoras organizativas y comunicativas, especialmente en el ámbito digital. Las propuestas mejor valoradas fueron:

- Crear una página web específica para el grupo (media: 3,78)
- Reforzar la comunicación interna (media: 3,56)
- Realizar más reuniones, presenciales o virtuales (media: 3,44)

También obtuvieron puntuaciones destacadas la incorporación de herramientas colaborativas más allá de *Google Drive* (media: 3,33) y el impulso de la presencia en redes sociales (media: 3,33), lo que indica una voluntad clara de avanzar hacia formas de trabajo más estructuradas, visibles y compartidas. En cambio, otras propuestas como crear un blog para visibilizar las actividades (media: 3,00) o clarificar los roles o funciones dentro del grupo (media: 2,89) recibieron valoraciones algo más bajas, lo que podría interpretarse como importantes, pero no prioritarias en este momento. En general, los datos reflejan un clima favorable al cambio y a la mejora, especialmente en lo que respecta a la organización interna, la coordinación y la visibilidad externa del grupo.

4.4. Desafíos y oportunidades

Los resultados del cuestionario permiten afirmar que CAVILA muestra muchas de las características propias de una comunidad de práctica consolidada o madura. La mayoría de las personas que participaron en la evaluación reconocen dinámicas colaborativas sostenidas, una distribución de responsabilidades y una implicación activa en procesos de mejora profesional. Sin embargo, el análisis también pone de manifiesto algunos retos que el grupo deberá atender si desea fortalecer y mantener ese grado de consolidación.

Mercedes Romero, Silvia López, Ana Rodríguez y Pablo Gayo

Uno de los principales desafíos tiene que ver con la diversidad de trayectorias y niveles de implicación dentro del grupo. La presencia de personas recién incorporadas, junto con otras que no participan activamente desde hace tiempo, puede generar percepciones distintas sobre el grado de madurez de CAVILA como CoP. Esto sugiere la necesidad de promover una mayor comunicación interna, incentivando la participación de todas las personas, como apuntaron los resultados, aumentando el sentimiento de pertenencia.

En cuanto a la valoración interna, aunque las respuestas reflejan un clima general positivo y una alta motivación por participar, se detecta cierta insatisfacción con el funcionamiento organizativo. Este dato apunta a posibles debilidades en la coordinación, la gestión de roles o la claridad en los métodos de trabajo, aspectos que suelen ser clave para sostener una práctica comunitaria eficaz. Si bien la horizontalidad es una de las fortalezas del grupo, la mejora de la organización interna podría llevar a una mayor cohesión de sus miembros.

Por otra parte, las propuestas de mejora recogidas en la segunda parte del cuestionario expresan una voluntad clara de avanzar hacia un modelo de grupo con una definición de roles visible, compartida y reconocida. La alta valoración de acciones como crear una página web, reforzar la comunicación interna o celebrar más reuniones pone de relieve el deseo de consolidar canales formales de relación y herramientas digitales que faciliten la colaboración continua.

En este sentido, resulta pertinente considerar:

- Fortalecer la estructura organizativa del grupo mediante la clarificación de roles, la toma de decisiones compartidas y el establecimiento de metodologías de trabajo estables y accesibles para todas las personas.

- Revisar la comunicación interna y los flujos de información, asegurando que sean regulares y adaptados a las necesidades del grupo.

- Potenciar la visibilidad externa de CAVILA, a través de medios digitales (web, blog, redes sociales) que permitan documentar y compartir el conocimiento generado, al tiempo que refuerzan la identidad del grupo.

- Atender a la diversidad de participación, creando espacios de integración para nuevas incorporaciones y estrategias de reactivación para personas que se han desvinculado o han reducido su presencia.

5. Conclusiones y recomendaciones finales

A partir del análisis realizado se identifica un elemento fundamental y vertebrador de las CoP en la actualidad: el entorno virtual. Reforzando el ámbito digital junto con el cuidado de aspectos organizativos, comunicativos y de coordinación interna, se crean las condiciones necesarias para una participación más equitativa y sostenida. Esta medida contribuirá a que las CoP que en su momento se definieron como maduras y consolidadas minimicen la dispersión, reduciendo el riesgo de extinción. Dicha recomendación es particularmente relevante en contextos de crecimiento o en situaciones de recientes incorporaciones, como en el caso analizado, donde pueden surgir desajustes en la implicación, incorporación efectiva o desconexión con el propósito de la CoP.

Por lo tanto, para favorecer el desarrollo de CoP consolidadas, es fundamental cuidar tanto el ambiente relacional como los mecanismos estructurales que sostienen la interacción. El sentido de pertenencia y la implicación compartida se construyen en la medida en que las personas encuentran valor y coherencia en la experiencia colectiva, siendo la organización y sistematización un punto clave. En cuanto a las nuevas CoP cabe destacar que la propia carrera docente promueve la creación de grupos a partir de necesidades compartidas, afinidades profesionales o inquietudes comunes. Esta característica de la profesión docente puede ser aprovechada para iniciar nuevas CoP sin que ello disminuya su valor o legitimidad, lo cual supone una oportunidad valiosa para el desarrollo profesional auténtico y contextualizado del profesorado. En línea de lo anterior, desde las instituciones se deben cuidar las redes espontáneas del profesorado, pues en ellas encontramos el germen de lo que podrían terminar siendo CoP consolidadas. Desde una perspectiva más conceptual, es importante recordar que el desarrollo de una CoP implica atender a componentes interrelacionados como el dominio compartido, el compromiso mutuo y el repertorio común (Wenger, 2001, 2011), así como a elementos que fortalecen su legitimidad y permanencia: la organización interna, la sistematización del saber colectivo y su credibilidad como grupo (Vázquez, 2011). Todas ellas son claves para favorecer el nacimiento y consolidación de CoP destinadas a la formación permanente del profesorado.

En esta línea, como prospectiva de investigación del caso y en línea con Moles (2015), se sugiere avanzar hacia un modelo que no solo promueva la colaboración y el aprendizaje situado, sino que también incorpore estrategias para analizar y valorar las iniciativas y producciones de CAVILA. Esto permitiría visibilizar su aportación académica e institucional, reforzar su impacto formativo y contribuir a su sostenibilidad a lo largo del tiempo, al mismo tiempo que se realza y fortalece su transferencia.

6. Agradecimientos

La autora Mercedes Romero Rodrigo ha desarrollado este trabajo en el marco de una estancia de investigación en la Universidade de Santiago de Compostela (USC) financiada por el Vicerectorat d'Investigació de la Universitat de València, subprograma «Atracció de talent» para el personal docente e investigador 2025 (UV-INV_EPDI-3903294).

Ana Rodríguez Guimeráns cuenta con financiación del Ministerio de Ciencia, Innovación y Universidades del Gobierno de España a través de la concesión de las Ayudas a la Formación del Profesorado Universitario (FPU20/00748).

Pablo Gayo Pérez cuenta con financiación de la Consellería de Cultura, Educación e Universidade (Xunta de Galicia) en el marco del Programa de ayudas a la etapa predoctoral (ED481A-2024-023).

Referencias

Armengol, C., Navarro, M., y Carnicero, P. (2015). La creación de comunidades de práctica profesional. En J. Gairín (Coord.), *Las Comunidades de Práctica Profesional. Creación, desarrollo y evaluación* (pp.33-50). Wolters Kluwer.

Barragán, D. F. (2015). Las Comunidades de Práctica (CP): hacia una reconfiguración hermenéutica. *Franciscanum*, *57*(163), 155-176.https://doi.org/10.21500/01201468.699

Barrera-Corominas, A., Fernández-De-Álava, M., Rodríguez-Gómez, D., & Gairín, J. (2015). Guía de Autoevaluación de las comunidades de práctica profesional. En J. Gairín (Coord.), *Las Comunidades de Práctica Profesional. Creación, desarrollo y evaluación* (pp.75-108). Wolters Kluwer.

Bosco, A., e Iglesias, E. (2015). Comunidades de práctica en el ámbito educativo y social: análisis de dos experiencias. En J. Gairín (Coord.), *Las Comunidades de Práctica Profesional. Creación, desarrollo y evaluación* (pp.167-194). Wolters Kluwer.

Bozu, Z., e Imbernon, F. (2009). Creando comunidades de práctica y conocimiento en la Universidad: una experiencia de trabajo entre las universidades de lengua catalana. *Revista de Universidad y Sociedad del Conocimiento (RUSC). Universities and Knowledge Society Journal*, *6*(1), 1-10.

Brown, J., y Duguid, P. (2000). *The Social Life of Information*. Harvard Bussiness Press.

Castro-Rodríguez, M. M., Rodríguez-Rodríguez, J., y Zapico-Barbeito, M. H. (Eds.) (2013). *Materiais didácticos e experiencias educativas innovadoras*. Toxosoutos.

Garzón, M. (2020). Las comunidades de práctica en las organizaciones. *Desarrollo Gerencial, 12*(1), 1–22. https://doi.org/10.17081/dege...3683

Grupo Cavila (2006). Un espazo de reflexión sobre os materiais didácticos no contexto galego. En J. Rodríguez-Rodríguez (Coord.), *A elaboración e adaptación dos materiais curriculares* (pp. 205-210). Nova Escola Galega / Departamento de Educación e Mocidade do Concello de Santiago de Compostela.

Grupo Cavila (Nova Escola Galega) y Grupo de Investigadores/as Secundari@ Dixit@l-Galicia (2025). Medidas necesarias para mellorar a dixitalización nas aulas galegas. *Revista Galega de Educación, 92*, 33-45. https://rge.gal/paper/medidas-dixitalizacion/.

Lave, J., y Wenger, E. (1991). *Situated Learning*. https://doi.org/10.1017/cbo9780511815355

McDermott, R. y O'Dell, C. (2001). Overcoming cultural barriers to sharing knowledge. *Journal of Knowledge Management, 5*(1), 76-85. https://doi.org/10.1108/13673270110384428

Moles, R-J. (2015). Copyleft: todos los errores reservados. En J. Gairín (Coord.), *Las Comunidades de Práctica Profesional. Creación, desarrollo y evaluación* (pp.268-286). Wolters Kluwer.

Pérez-Montoro, M. y Martínez, J. (2011). Communities of Practice in Public Administration: The Case of Catalonia's Government. In O. Hernáez y E. Bueno Campos (Eds.), *Handbook of Research on Communities of Practice for Organizational Management and Networking: Methodologies for Competitive Advantage* (pp. 421-442). IGI Global Scientific Publishing. https://doi.org/10.4018/978-1-60566-802-4.ch023

Pose-Blanco, A., y Rodríguez-Rodríguez, J. (Eds.) (2008). *Actividades e recursos educativos dos Museos de Galicia*. Toxosoutos.

Rodríguez-Rodríguez, J. (Ed.) (2003). *Materiais curriculares e diversidade socio-cultural*. Nova Escola Galega.

Rodríguez-Rodríguez, J. (Ed.) (2006). *A elaboración e a adaptación dos materiales curriculares. Estratexias para atende-la diversidade*. Nova Escola Galega.

Sanz-Martos, S. (2010). *Comunidades de práctica: fundamentos, caracterización y comportamiento*. [Tesis Doctoral]. UOC: Universitat Oberta de Catalunya.

Sanz-Martos, S. (2018). Comunidades de práctica para la "nueva normalidad." *Anuario ThinkEPI*, 14. https://doi.org/10.3145/thinkepi.2020.e14d03

Vicente-Álvarez, R. M., Rodríguez-Rodríguez, J., & López-Gómez, S. (2018). Transferencia de conocimiento en los procesos de evaluación de los materiales didácticos. La experiencia del seminario-taller de evaluación de materiales didácticos (Grupo Cavila, NEG). En A. Alonso-Ferreiro & A. Gewerc (Ed.), *Conectando redes. La relación entre la investigación y la práctica educativa. Simposio REUNI+D y RILME* (pp. 310-319). Grupo de Investigación Stellae. https://reunid.eu/docs/ACTAS_CONECTANDO.pdf

Vásquez, S. (2011). Comunidades de práctica. *Educar, 47*(1), 57-68. https://doi.org/10.5565/rev/educar.71

Wenger, E., McDermot, R. y Snyder, W. M. (2002). *Cultivating Communities of Practice: A Guide to Managing Knowledge*. Harvard Business Press.

Wenger, E. (2001). *Comunidades de práctica. Aprendizaje, significado e identidad.* Paidós.

Wenger, E. (2011). *Communities of practice: A brief introduction.* National Science Foundation (U.S.)

Tecnología y neurodivergencia: un análisis crítico para la futura capacitación docente

M. Isabel Vidal Esteve
Universitat de València–Grupo CRIE

María de los Ángeles Gómez Gerdel
Grupo IDEI - Cátedra sobre Neurodivergencia Autista de Málaga

Antonio Matas Terrón
Universidad de Málaga–Grupo IDEI

1. Introducción

La relación entre tecnología y neurodivergencia representa hoy un campo de análisis imprescindible para repensar los procesos de inclusión educativa en clave de justicia social. En un contexto donde las transformaciones tecnológicas redefinen constantemente los modos de enseñar y aprender, resulta inaplazable examinar sus posibilidades, pero también las limitaciones y riesgos que estas herramientas pueden suponer para el alumnado neurodivergente. Este capítulo se sitúa en el marco del paradigma de la neurodiversidad, adoptando una perspectiva crítica y ética que pone en el centro la singularidad de los procesos cognitivos y comunicativos de todas las personas. A lo largo del mismo se presentan fundamentos conceptuales, oportunidades y desafíos de la tecnología educativa, así como propuestas orientadas a una formación docente más sensible, inclusiva y transformadora.

2. El paradigma de la neurodiversidad: fundamentos conceptuales de la neurodiversidad y la neurodivergencia

Actualmente, el autismo sigue siendo interpretado frecuentemente desde una perspectiva patologizante y capacitista, especialmente en contextos clínicos e institucionales. Esta visión tiende a limitar las expectativas sobre el desarrollo y la autonomía de las personas autistas, reforzando barreras sociales y prácticas excluyentes. Aunque el enfoque de la neurodiversidad gana fuerza, la lógica biomédica aún predomina en muchas políticas educativas y sociales (Walker, 2021). En contraposición, el Paradigma de la Neurodiversidad, formulado por activistas como Judy Singer (2017), propone entender las diferencias neurológicas como parte natural de la diversidad humana. Desde este marco surge el enfoque neuroafirmativo, desarrollado por autores como Walker (2021) y Milton (2020), que promueve una visión ética y no patologizante de la neurodivergencia, centrada en los Derechos Humanos y la justicia social.

Pero ¿qué entendemos por neurodiversidad? Desde esta perspectiva, la neurodiversidad hace referencia a la variabilidad natural del funcionamiento neurológico humano, que incluye dimensiones biológicas, físicas, cognitivas, comunicativas, sensoriales y emocionales, así como otros factores como la cultura, el lenguaje o la identidad. En este sentido, todas las personas son neurodiversas, ya que la diversidad es inherente a la condición humana. Dentro de este paradigma, resulta imprescindible diferenciar el concepto de neurodivergencia, que se refiere a aquellas personas que presentan un funcionamiento neurológico (neurotipo) cualitativamente diferente al de la mayoría de la población conocida como neurotípica, o neurodiversa, es decir, aquella cuyo funcionamiento responde a lo que se considera "normal" o "esperado" desde una perspectiva sociocultural.

Así, las personas neurodivergentes como es el caso del autismo, la neurodivergencia atencional (TDAH), la dislexia, los TOC (o espectro obsesivo-compulsivo), entre otros neurotipos, perciben, sienten, piensan, se comunican y se relacionan con el entorno de formas que no se ajustan a los patrones dominantes, pero que son igualmente válidas.

Este reconocimiento parte de la idea de que los comportamientos considerados "adecuados" o "sociales" son construcciones culturales, y por tanto, no universales. Desde una perspectiva educativa e inclusiva, Booth y Ainscow (2015) subrayan la necesidad de transformar las prácticas para eliminar barreras al aprendizaje. En esta línea, Mera y Mera (2024) insisten en adaptar los métodos a las necesidades del alumnado neurodivergente. El Diseño Universal para el Aprendizaje (DUA), propuesto por Rose y Meyer (2002), facilita esta transformación al ofrecer múltiples formas de participación, representación y expresión, respetando la diversidad de intereses, capacidades y modos de comunicación (Alba-Pastor, 2022; CAST, 2024).

Siguiendo esa línea argumental, nuestro sistema educativo incorporó en la Ley Orgánica 3/2020 (LOMLOE) el modelo de enseñanza del DUA (BOE, 2020) quedando patente en otras disposiciones legales como la Ley 1/2013; Ley General de Derechos de Personas con Discapacidad y de su Inclusión Social que hace una referencia a este modelo en el artículo 2, enfatizando en la importancia de hacer diseños de entornos, procesos, bienes, productos, servicios, objetos, programas etc. sin la necesidad de una adaptación o diseño especializado (BOE, 2013). Muy relacionada con el DUA está la accesibilidad cognitiva. En la mencionada Ley 12/2013 se afirma que "la accesibilidad cognitiva se despliega y hace efectiva a través de la lectura fácil, sistemas alternativos y aumentativos de comunicación, pictogramas y otros medios humanos y tecnológicos disponibles para tal fin" (p. 11).

3. Estado de la cuestión: oportunidades y desafíos de la tecnología

La inclusión educativa es un derecho humano, y la tecnología puede contribuir a garantizarlo. En este sentido, el DUA permite flexibilizar la enseñanza y adaptar los entornos digitales a distintas formas de aprender, promoviendo una educación más accesible y equitativa (Alba-Pastor, 2022; Meyer et al., 2014).

Las Tecnologías de la Información y la Comunicación (TIC) han demostrado ser eficaces para favorecer habilidades socio-comunicativas en alumnado neurodivergente, especialmente en casos de autismo y TDAH. Estudios recientes como los de Díaz et al. (2024) y Arroba et al. (2025) muestran avances en empatía, autorregulación y colaboración cuando se emplean recursos digitales adaptados. Gutiérrez et al. (2024) destacan la mejora en la interacción social, mientras que Díaz et al. (2024) subrayan el valor de estas herramientas para potenciar la comunicación y la autorregulación, esenciales para la inclusión.

En el caso del alumnado no hablante o con desafíos significativos en la comunicación verbal, la Comunicación Aumentativa y Alternativa (CAA) resulta especialmente útil para favorecer su participación y expresión, fortaleciendo los vínculos dentro del aula. Estas tecnologías, si se implementan bajo principios del DUA, permiten que todos los estudiantes —con distintas formas de procesamiento cognitivo, sensorial o lingüístico— participen activamente en contextos comunes (Meyer et al., 2014).

Asimismo, la tecnología asistida, el metaverso, la hiperrealidad y la inteligencia artificial, como apunta Rubio-Ariza (2024) ofrecen entornos inmersivos y personalizables donde el alumnado puede entrenar habilidades sociales en escenarios seguros y predecibles. Desde la perspectiva de la neurodivergencia, estas herramientas deben servir para ampliar canales de expresión y aprendizaje, no para corregir supuestos déficits.

En este marco, hablar de tecnología como aliada implica adoptar un enfoque ético, centrado en la experiencia de quienes la utilizan. La clave no reside en la sofisticación de los dispositivos, sino en su uso consciente para promover justicia cognitiva, pluralidad y respeto por la singularidad de cada estudiante.

Sin embargo, también existen algunos desafíos. El uso excesivo de dispositivos puede acentuar patrones de aislamiento, especialmente en alumnado autista que tiende a interactuar mejor con interfaces que con personas (Vargas-Murillo, 2020). Asimismo, la persistente brecha digital excluye a estudiantes en contextos vulnerables, limitando el acceso igualitario a los beneficios tecnológicos (Mera y Mera, 2024). Algunos recursos, además, no han sido diseñados desde la neurodivergencia y pueden resultar sobreestimulantes, afectando a la concentración y el bienestar emocional (Gutiérrez et al., 2024). Frente a este panorama, resulta fundamental que la formación docente no solo aborde el uso técnico de las tecnologías, sino también sus implicaciones éticas, pedagógicas y socioculturales. La personalización del aprendizaje, cuando se aplica con sensibilidad, es una estrategia clave para avanzar hacia una inclusión educativa auténtica y sostenible.

3.1. El papel de la tecnología en una educación personalizada

Hablar de inclusión educativa implica hablar de personalización del aprendizaje, es decir, de adaptar metodología, recursos y tareas a las particularidades del alumnado mediante ajustes razonables (Naciones Unidas, 2006). Este enfoque se alinea con modelos pedagógicos socio-constructivistas, que destacan la interacción social y el entorno como motores del desarrollo (Vygotsky, 1978; Bruner, 1997), y con enfoques cognitivos que promueven la autonomía, el aprendizaje significativo y la adaptación al desarrollo intelectual (Piaget, 1960; Gagné, 1969). En el ámbito español, autores como Sanmartí (2007), Coll (2013) y Elizondo (2020) han defendido una enseñanza centrada en el perfil del alumnado, mientras que Marquès (2016) destaca, además, el valor de la tecnología educativa como apoyo para construir itinerarios de aprendizaje personalizados.

Ahora bien, cabe subrayar que el uso de tecnología no garantiza por sí sola la personalización: esta requiere planificación didáctica y evaluación formativa. Plataformas como *Google Classroom* o Moodle, así como recursos multimedia (vídeos), pueden apoyar esta tarea. Un ejemplo destacado es *Autismind*, un proyecto de Álex Escolà que emplea vídeos para trabajar habilidades socioemocionales en adolescentes autistas. Asimismo, el uso de dispositivos móviles y aplicaciones específicas puede ayudar a adaptar contenidos y ritmos, favoreciendo la autonomía del alumnado. Una referencia internacional de indudable valor es Carol Ann Tomlinson, autora del enfoque de aula diversificada (2008). Una de sus aportaciones principales es el *ecualizador de Tomlinson* (Tomlinson y McTighe, 2005), una herramienta pedagógica que permite ajustar distintos aspectos de la enseñanza como si se tratara del ecualizador de un equipo de música. Las dimensiones que contempla son:

1. Nivel de abstracción: desde lo más concreto a lo más abstracto

2. Nivel de estructura: desde lo altamente estructurado hasta actividades más abiertas y por tanto con menos andamiaje.

3. Nivel de apoyo: de poco a mucho.

4. Nivel de complejidad: de baja a alta complejidad.

5. Perspectiva: análisis desde un punto de vista hasta niveles más complejos de comparación y debate desde distintos ángulos.

6. Ritmo de trabajo: desde más tiempo para procesar y mayor secuenciación hasta un ritmo más acelerado y mayor profundización.

7. Niveles de recursos: utilizando materiales accesibles y adaptados o en su lugar, textos enriquecidos y especializados.

Esta herramienta permite diseñar propuestas con ajustes razonables sin renunciar a altas expectativas. Ahora bien, ¿qué papel tiene la tecnología en este planteamiento? Personalizar requiere una inversión de tiempo significativa por parte del profesorado, habitualmente poco reconocida, pero esencial para garantizar una educación inclusiva y de calidad, como promueve la LOMLOE (2020) y el cuarto ODS de la Agenda 2030.

Aquí, la inteligencia artificial puede ser de gran apoyo. Herramientas como *ChatGPT* —en versiones gratuitas (GPT-3.5) o de pago (GPT-4)— permiten generar propuestas adaptadas a partir de *prompts* específicos. GPT-4, en particular, puede generar actividades ajustadas a las dimensiones del ecualizador de Tomlinson en cuestión de segundos. Al respecto, se presenta el siguiente ejemplo de un test adaptado (ver tabla 1). En un aula de 1° de ESO, durante una unidad sobre la antigua Roma en la asignatura de Geografía e Historia, se diseñaron actividades adaptadas para un grupo con distintos niveles de competencia, incluido el alumnado que asiste al aula específica y que tienen un nivel de competencia curricular de Educación Infantil. Usando *GPT-4*, se diseñó el siguiente test adaptado:

Tabla 1. Test adaptado mediante ChatGPT-4 según el ecualizador.

Variable de diferenciación	Adaptación Nivel Básico (NCC Infantil)	Adaptación Nivel Medio (1° ESO con apoyo)	Adaptación Nivel Avanzado (1° ESO autónomo)
Nivel de estructura	Preguntas leídas en voz alta con tres imágenes visuales como respuestas posibles.	Test impreso con preguntas escritas y dibujos junto a las opciones.	Test escrito sin apoyos visuales. Preguntas pueden incluir vocabulario académico.
Nivel de complejidad	Preguntas cerradas y concretas: ¿Dónde luchaban los gladiadores? A) Playa B) Coliseo C) Escuela.	Preguntas con más de una opción válida o distractores más parecidos.	Preguntas de análisis o con opción "todas las anteriores" o "ninguna". También preguntas inversas: ¿Cuál NO pertenece...?
Nivel de autonomía	Realizan el test en grupo con apoyo verbal de un adulto o compañero.	Lectura y marcaje autónomo, pero con posibilidad de consulta.	Total autonomía, corrección posterior con rúbrica o autoevaluación.
Nivel de recursos	Tarjetas con pictogramas + objetos manipulativos (gladiador, túnica, templo).	Ficha con imágenes de apoyo, colores en las opciones.	Formato clásico de examen en hoja sin ayudas visuales.
Intereses y motivación	Test en formato juego con pegatinas por cada acierto.	Test como pasaporte romano (cada pregunta acertada = sello en el pasaporte).	Test tipo torneo: por parejas, suman puntos y reflexionan en equipo.
Resultados esperados	Señalar, verbalizar o asociar conceptos.	Subrayar, escribir o explicar una respuesta.	Justificar respuestas, explicar errores y formular nuevas preguntas.

3.2. Tecnología como acompañamiento al desarrollo socioemocional

En los últimos años, se ha ido reconociendo con más fuerza que un buen desarrollo socioemocional es necesario para el bienestar y el aprendizaje de todo el alumnado, pero especialmente de quienes se sitúan en el espectro autista o presentan perfiles atencionales divergentes (Díaz et al., 2024). Este desarrollo implica comprender y expresar las propias emociones, interpretar las de los demás y establecer relaciones a partir de ellas. En este sentido, la tecnología ha abierto muchas puertas a la hora de acompañar estos procesos, al habilitar formas alternativas de comunicación, interacción y expresión emocional.

Estas prácticas encuentran sustento en modelos como el DUA, que promueve un proceso de enseñanza y aprendizaje flexible, sensible a la diversidad, y centrado en la accesibilidad emocional, sensorial y cognitiva (Meyer et al., 2014; Alba-Pastor, 2022). También se relaciona con el modelos socioconstructivista (Vygotsky, 1978; Bruner, 1997), que enfatiza el papel del entorno y de la mediación social en la construcción y representación del conocimiento, y con la pedagogía crítica (Freire, 1970; Giroux, 1997), que defiende la expresión identitaria del alumnado y el acceso equitativo a la palabra.

Una de las propuestas emergentes, como anteriormente se ha esbozado es el lenguaje naturalista, que promueve situaciones comunicativas reales, contextualizadas y alejadas de esquemas rígidos, y favorece interacciones significativas en estudiantes neurodivergentes (Jofre, 2024). Solís (2021) plantea la necesidad de normalizar la diversidad comunicativa en las aulas. A través de su propuesta de comunicación natural asistida, insiste en que los recursos como pictogramas, comunicadores o gestos no deben ser vistos como excepciones, sino como parte habitual del entorno escolar. Cada persona tiene derecho a comunicarse a su manera, y para eso necesitamos escuelas donde esa pluralidad de formas tenga lugar. No obstante, avanzar hacia este ideal requiere reconocer las múltiples resistencias estructurales, formativas y culturales que aún persisten en el sistema educativo, como la escasa preparación docente, tanto en formación inicial como continua, o por la falta de recursos y apoyos tecnológicos (Garcés y Zambrano, 2018). Estas limitaciones afectan especialmente a centros públicos, donde el acceso a dispositivos y los recursos materiales y humanos son más limitados.

Desde la perspectiva de la neurodiversidad, investigadores como Prizant (1983), que han estudiado el desarrollo del lenguaje en personas autistas, evidencian que muchas de ellas tienen un estilo de procesamiento gestáltico que hace que procesen y reconozcan el lenguaje por unidades más grandes como oraciones, canciones o historias; gracias a los silencios o pausas que rodean las conversaciones (Blanc, 2012). Por lo que, es especialmente importante propiciar entornos comunicativos ricos en contextos cotidianos y alejado de enfoques poco funcionales y mecánicos.

Más allá de la expresión verbal, la tecnología ofrece dispositivos y entornos que median la interacción de formas distintas. Los sistemas generadores de voz (SGD), por ejemplo, permiten que estudiantes no hablantes puedan construir frases personalizadas que reflejan sus pensamientos y emociones (Otárola y Aguirre, 2023). De igual forma, los entornos de realidad virtual (RV) recrean situaciones sociales estructuradas en las que el alumnado puede ensayar respuestas, analizar interacciones y reducir la incertidumbre sin la presión del juicio externo (Santiago-Méndez y Barranco-Merino, 2024). Estas experiencias se vinculan, por ejemplo, a la pedagogía experiencial (Kolb, 1984), que defiende el aprendizaje a través de la vivencia directa, o el aprendizaje situado (Brown et al., 1989), que enfatiza la relevancia del contexto para dar sentido al conocimiento.

Aunque la investigación señala efectos positivos en cuanto a autonomía, empatía o seguridad en la comunicación (Calahorrano, 2024), también se alerta sobre la necesidad de respetar los ritmos y modos de cada estudiante (Matute-Ramírez, 2024). No se trata únicamente de incorporar herramientas, sino de hacerlo desde un posicionamiento pedagógico que reconozca la singularidad, la legitimidad de diferentes formas de expresión y la necesidad de vínculos auténticos (Mera y Mera, 2024).

Modelos como la pedagogía de la inclusión —que concibe la diversidad no como un obstáculo a compensar, sino como una condición estructural del proceso educativo— ofrecen un marco coherente desde el cual integrar la tecnología de manera crítica y contextualizada (Echeita,

2006; Booth y Ainscow, 2015). Esta perspectiva legitima el uso de recursos tecnológicos, pero además los orienta hacia la eliminación de barreras, la transformación de relaciones pedagógicas y la construcción de comunidades escolares sensibles a la pluralidad comunicativa (Echeita y Calderón, 2014; Alba-Pastor, 2022).

3.3. Ética digital y equidad: otras caras de la innovación

Si bien la tecnología ofrece múltiples ventajas en el ámbito educativo, su integración en contextos inclusivos también plantea algunos desafíos. Uno de los principales es el acceso desigual a recursos digitales. Gutiérrez et al. (2024) advierten que una dependencia excesiva de la tecnología, sin considerar las condiciones socioeconómicas del alumnado, puede profundizar las brechas existentes. La brecha digital es material, pero también cultural y cognitiva: afecta al acceso al conocimiento, la participación y el desarrollo de competencias críticas. Además, el uso de tecnologías emergentes como la inteligencia artificial o el metaverso entraña riesgos éticos. Rubio-Ariza (2024) señala peligros como la vigilancia digital, la pérdida de privacidad y la categorización automatizada, que pueden derivar en nuevas formas de estigmatización, especialmente en estudiantes neurodivergentes. En este sentido, Reaño (2023) y Jofre (2024) insisten en que cualquier intervención tecnológica debe ser respetuosa, informada y alejada de modelos patologizantes.

Otro reto es la formación del profesorado. Vargas-Murillo (2021) destaca que muchos docentes carecen de preparación para integrar tecnologías desde enfoques inclusivos, mientras que Mera y Mera (2024) subrayan la necesidad de una capacitación que supere lo técnico e incluya marcos teóricos, estrategias participativas y reflexión ética. Este planteamiento coincide con De Patiño (2022), quien defiende una tecnoeducación como agente integrador de la diversidad cognitiva. En esta línea, Fernández-Zalazar (2021) propone transitar hacia "circuitos potenciadores" que respondan a las singularidades del alumnado, apoyándose en principios del DUA como base para el diseño de entornos accesibles, personalizados y respetuosos. La innovación tecnológica debe estar al servicio de la equidad y la justicia educativa, no del rendimiento instrumental.

Para lograr una inclusión real, esta perspectiva debe permear políticas públicas, formación docente y desarrollo tecnológico desde su origen. Como advierten Arnaiz (2019) y Echeita y Calderón (2014), la inclusión no puede depender solo de voluntades individuales, sino de compromisos institucionales sostenidos. En el caso del alumnado neurodivergente la tecnología puede ser una aliada o una barrera, según cómo y para quién se implemente (Meyer et al., 2014). Por ello, más que centrarnos en lo que la tecnología hace, debemos preguntarnos con qué propósito y en beneficio de quién se diseña.

4. Propuestas de futuro: hacia una escuela neurodiversa y justa

La convergencia entre tecnología, neurodiversidad e inclusión educativa exige una transformación profunda de las prácticas pedagógicas y, especialmente, de las estructuras formativas que las sustentan. A medida que las tecnologías emergentes redefinen los escenarios educativos, se vuelve imperativo imaginar y diseñar un futuro que sitúe en el centro la dignidad, la autonomía y la singularidad del alumnado neurodivergente. Esta tarea interpela directamente a los sistemas de formación docente, tanto en su etapa inicial como a lo largo de la trayectoria profesional.

Uno de los principales desafíos identificados es la necesidad de una formación docente crítica y transformadora que, además de capacitar técnicamente en el uso de herramientas digitales, promueva marcos epistemológicos centrados en la equidad, la accesibilidad y la justicia cognitiva. Las competencias digitales deben entenderse como parte de un entramado más amplio de competencias inclusivas, donde la comprensión profunda de la diversidad neurológica y las implicaciones éticas del uso de la tecnología sean su sostén. En este sentido, se plantea como propuesta de futuro la integración transversal de contenidos sobre neurodiversidad y tecnología inclusiva en los planes de estudio de los grados relacionados con la formación inicial del profesorado, así como en los programas de formación permanente.

Reaño (2023) insiste en que formar a los docentes no puede limitarse a un enfoque clínico o deficitario sobre las neurodivergencias. La formación debe desmedicalizar las prácticas educativas, desplazándose hacia un enfoque que reconozca a las personas neurodivergentes como sujetos plenos, con derechos, agencia y formas legítimas de percibir, comunicar y estar en el mundo. Esta mirada implica romper con los modelos de normalización que tienden a silenciar o suprimir las características propias de estos estudiantes, y abre paso a una educación que acoja la diferencia como valor. En este contexto, se vuelve especialmente relevante repensar la comunicación en la escuela. En este marco, la tecnología no es un complemento, sino una condición para la participación real del alumnado no hablante o con desafíos expresivos, especialmente si se integra desde una lógica de respeto y co-construcción del lenguaje (Vidal-Esteve et al., 2023).

Estas perspectivas coinciden con lo planteado por Fernández-Zalazar (2021), quien aboga por el diseño de circuitos potenciadores donde la singularidad cognitiva no sea un obstáculo, sino un punto de partida para la innovación pedagógica. De igual modo, De Patiño (2022) propone entender la tecnoeducación como una aliada para las personas neurodivergentes, siempre que se inscriba en un marco pedagógico humanizante y sensible a las múltiples formas de aprendizaje. Este enfoque requiere superar la visión instrumental de la tecnología y asumirla como un dispositivo ético-político, capaz de transformar las relaciones de poder, las jerarquías del saber y las prácticas de exclusión. Desde una perspectiva institucional, es necesario avanzar hacia políticas educativas que promuevan marcos de inclusión tecnológica coherentes, sostenibles y accesibles. Esto incluye no solo la dotación de recursos materiales, sino también el acompañamiento pedagógico, la evaluación continua de los procesos y la participación activa de las comunidades escolares en el diseño de las soluciones. En este sentido, el trabajo colaborativo entre docentes, equipos multiprofesionales, familias y estudiantes neurodivergentes resulta imprescindible para construir prácticas tecnológicas verdaderamente inclusivas.

En el ámbito de la formación del profesorado, se propone el desarrollo de itinerarios formativos específicos que combinen el trabajo teórico con la experiencia situada en contextos reales. Esto podría incluir prácticas reflexivas, estudios de caso, tutorización entre iguales y espacios de co-creación tecnológica junto a profesionales del ámbito educativo e incluso clínico, artístico y social. Una propuesta de gran interés, siguiendo los planteamientos del Centro Español sobre Trastornos del Espectro del Autismo (2023), es la incorporación de personas neurodivergentes como formadores y consultores en los programas de formación docente, permitiendo dar voz y experiencias en primera persona, enriqueciendo los procesos formativos desde una perspectiva vivencial y despatologizadora.

Por su parte, es necesario repensar los modelos de evaluación en entornos tecnológicos. La incorporación de herramientas digitales debe ir acompañada de indicadores que valoren la participación significativa, la autodeterminación y el bienestar del alumnado, más allá de los estándares académicos tradicionales. Esto requiere la construcción de modelos de evaluación más flexibles, cualitativos y dialogados, que reconozcan los distintos modos de aprender y comunicar. Como señalan Palacios et al. (2025), la gamificación y otras estrategias digitales pueden ser aliadas potentes si se implementan desde el respeto a las necesidades y preferencias de todo el alumnado.

A nivel más general, el horizonte de futuro debe ir de la mano de una transformación cultural, como comentaban Pardo-Baldoví et al. (2022). Hablar de inclusión tecnológica no es solo hablar de dispositivos, plataformas o aplicaciones, sino de valores, relaciones y estructuras. La escuela del futuro, inclusiva y cada vez más digitalizada, debe ser un espacio donde la neurodivergencia no se tolere, sino que se celebre; donde la diferencia no se gestione, sino que se acoja; donde la tecnología no compense, sino que habilite. Una escuela así no solo es posible, sino necesaria, en un mundo que aspira a ser verdaderamente democrático y justo.

Referencias

Alba-Pastor, C. (2022). *Enseñar pensando en todos los estudiantes. El modelo de Diseño Universal para el Aprendizaje (DUA)*. Ediciones SM.

Arroba, D. F. M., Quishpe, A. M. C., Calvopiña, E. S. P., Guerra, K. G. R., y Vásconez, D. D. S. (2025). Innovación y educación inclusiva para estudiantes con autismo severo mediante tecnologías integradas y estrategias avanzadas. *Ciencia Latina Revista Científica Multidisciplinar, 9*(1), 2124-2141. https://doi. org/10.37811/cl_rcm.v8i6.15913

Blanc, M. (2012). *Natural Language Acquisition on the Autism Spectrum: The Journey from Echolalia to Self-Generated Language*. Communication Development Center.

Boletín Oficial del Estado. (2013). *Real Decreto Legislativo 1/2013, de 29 de noviembre, por el que se aprueba el texto refundido de la Ley General de derechos de las personas con discapacidad y de su inclusión social*. BOE, nº 289, 3 de diciembre de 2013. https://www.boe.es/buscar/act.php?id=BOE-A-2013-12632

Booth, T. y Ainscow, M. (2015). *Guía para la educación inclusiva: desarrollando el aprendizaje y la participación en los centros escolares*. FUHEM, OEI.

Botha, M., Chapman, R., Giwa Onaiwu, M., Kapp, S. K., Stannard Ashley, A., & Walker, N. (2024). The neurodiversity concept was developed collectively: An overdue correction on the origins of neurodiversity theory. *Autism, 28*(6), 1591-1594. https://doi.org/10.1177/13623613241324123

Bruner, J. S. (1997). *La educación, puerta de la cultura*. Gedisa.

Calahorrano, P. M. R., y Andrango, S. J. T. (2024). Impacto desde el pensamiento crítico de la inteligencia artificial como herramienta para el aprendizaje del inglés. *Revista Social Fronteriza, 4*(2), e42255. https://doi.org/10.59814/resofro.2024.4(2)255

CAST (2024). *Pautas de diseño universal para el aprendizaje, versión 3.0* [organizador gráfico]. Autor.

Centro Español de Trastornos del Espectro del Autismo (29 de diciembre de 2023). *Tener personas autistas liderando la investigación es transformador*. CETEA. https://centroautismo.es/entrevista-investigacion-participativa/

Coll, C. (2013). *Psicología y currículum*. Paidós.

De Patiño, E. Y. E. (2022). La tecnoeducación como agente integrador en la neurodiversidad. *Revista Eco Identidad, 3*(Semestral 2), 117–132.

Díaz, B. M. R., Gutiérrez, P. C. R., Armendáriz, S. Y. H., y Félix, E. E. A. (2024). Impacto de Intervención Educativa Mediante Tecnologías en el Desarrollo Socio Comunicativo en Adolescentes con TEA y TDAH. *Ciencia Latina: Revista Multidisciplinar, 8*(3), 5486-5508. https://doi.org/10.37811/cl_rcm.v8i3.11753

Echeita, G., y Calderón, I. (2014). Obstáculos a la inclusión: cuestionando concepciones y prácticas sobre la evaluación psicopedagógica. *Àmbits de Psicopedagogia i Orientació, 41,* 67–98.

Elizondo, C. (2020). *Hacia la inclusión educativa en la Universidad: Diseño Universal para el Aprendizaje y la educación de calidad.* Editorial Octaedro

Fernández-Zalazar, D. C. (2021). Accesibilidad, neurodiversidad, singularidad cognoscitiva y diseño universal del aprendizaje en un circuito potenciador. *XIII Congreso Internacional de Investigación y Práctica Profesional en Psicología,* Universidad de Buenos Aires.

Freire, P. (1970). *Pedagogía del oprimido.* Siglo XXI.

Garcés, R. M. Z., y Zambrano, M. D. O. (2018). Actitudes de los docentes hacia la inclusión escolar de niños con autismo. *Killkana sociales: Revista de Investigación Científica, 2*(4), 39–48. https://doi.org/10.26871/killkana_social.v2i4.296

Gagné, R. M. (1969). *The conditions of learning* (2nd ed.). Holt, Rinehart & Winston.

Giroux, H. A. (1997). *Pedagogía y política de la esperanza.* Paidós.

Gutiérrez, P. C. R., Díaz, B. M. R., Armendáriz, S. Y. H., y Félix, E. E. A. (2024). Propuesta de intervención educativa mediante el uso de las TICCAD para el desarrollo de habilidades socio-comunicativas en el estudiantado neurodivergente. *Ciencia Latina Revista Científica Multidisciplinar, 8*(3), 5063–5075. https://doi.org/10.37811/cl_rcm.v8i3.11705

Jofre, C. M. (2024). Neurociencia, diversidad e inclusión educativa. El rol de las tecnologías frente a las neurodivergencias. En *XVI Congreso Internacional de Investigación y Práctica Profesional en Psicología.* Facultad de Psicología, Universidad de Buenos Aires.

Matute-Ramírez, G. L. (2024). *Diagnóstico de las prácticas del profesorado universitario para la inclusión del estudiantado neurodivergente.* En: DiverEdutec, Universidad Americana. http://acervo.uam.edu.ni/id/eprint/1584

Mera, E. A. R., y Mera, K. D. R. (2024). Experiencias pedagógicas en educación infantil: ¿Qué enseñar a un niño neurodivergente? *Ciencia Latina Revista Científica Multidisciplinar, 8*(4), 10155–10178.

Meyer, A., Rose, D. H., & Gordon, D. (2014). *Universal Design for Learning: Theory and Practice*. CAST Professional Publishing.

Milton, D. E. M., & Ridout, S. (Eds.). (2020). *The neurodiversity reader: Exploring concepts, lived experience and implications for practice*. Pavilion Publishing.

Otárola, L. G., Aguirre, E., y Ganga Contreras, F. (2023). Apreciaciones sobre la neurodivergencia de docentes y estudiantes de una entidad educativa pública chilena. *Journal of the Academy*, 8, 5–26. https://doi.org/10.47058/joa8.2

Palacios, Á. A. C., Palacios, F. N. C., Morán, M. M. C., y Mendoza, D. E. N. (2025). Habilidades de aprendizaje digital de gamificación para estudiantes universitarios con neurodiversidad. *Revista Social Fronteriza*, 5(2). https://doi.org/10.59814/resofro.2025.5(2)630

Pardo-Baldoví, M. I., Marín-Suelves, D., y Vidal-Esteve, M. I. (2022). Prácticas docentes en la escuela digital: la inclusión como reto. *RELATEC, 21*(1), 43-55. https://doi.org/10.17398/1695-288X.21.1.43

Piaget, J. (1960). *La representación del mundo en el niño* (M. Xirau, Trad.). Ariel. (Obra original publicada en 1926).

Prizant, B. M. (1983). Language acquisition and communicative behavior in autism: Toward an understanding of the "whole" of it. *Journal of Speech and Hearing Disorders*, 48(3), 296–307. https://doi.org/10.1044/jshd.4803.296

Reaño, E. (2023). *¿Qué es el autismo? Reflexiones desde el paradigma de la neurodiversidad*. Ernesto Reaño Carranza.

Rose, D. H., y Meyer, A. (2002). *Teaching Every Student in the Digital Age: Universal Design for Learning*. Association for Supervision and Curriculum Development.

Rubio-Ariza, H. (2024). El arte de la Pedagogía en el Metaverso: La Hyper-Realidad con Inteligencia Artificial para la Neurodivergencia. *Transformar: Revista de Investigación, Experiencia e Innovación Social, 1*(1), 38-52. https://revistas.red-iii.com/index.php/trans-formar/article/view/3ç

Sanmartí, N. (2007). *10 ideas clave: Evaluar para aprender*. Graó

Santiago-Méndez, G., Barranco-Merino, R., y Bermúdez-González, G. J. (2024). Potencial de la realidad virtual como herramienta de innovación docente en niños con neurodiversidad: Un estudio exploratorio. En *Investigación activa en educación: Perspectivas y desafíos* (pp. 801–820). Dykinson. https://hdl.handle.net/10630/36477

Singer, J. (2017). *Neurodiversity: the birth of an idea (2ª edición)*. Judy Singer Editor.

Solís, S. [La Fábrica de Palabras] (2021). *Webinar lenguaje natural asistido*. YouTube. https://www.youtube.com/watch?v=eD8M4mpACG8&t=143s

Tomlinson, C. A., & McTighe, J. (2005). *Integrating differentiated instruction & understanding by design: Connecting content and kids*. ASCD.

Tomlinson, C. A. (2008). *El aula diversificada: Dar respuesta a las necesidades de todos los estudiantes* (P. Cercadillo Villazán, Trad.). Editorial Octaedro.

Vargas-Murillo, G. (2020). Reflexiones sobre el impacto de la tecnología en la educación inclusiva. En *Educación y tecnología digital*. Asociación Latinoamericana para el Avance de las Ciencias. https://doi.org/10.37811/cli_w1041

Vidal-Esteve, M. I., Sánchez-Cruz, M. y Peirats-Chacón, J. (2023). Lenguaje natural asistido con comunicadores dinámicos robustos en el TEA. In *Libro de Actas de las XXX Jornadas Internacionales de Tecnología Educativa: 30 años de docencia e investigación en Tecnología Educativa: Balance y futuro* (pp. 516-518). Universidad de La Laguna.

Vygotsky, L. S. (1978). *Mind in Society: The Development of Higher Psychological Processes*. Harvard University Press.

Walker, N. (2021). *Neuroqueer heresies: Notes on the neurodiversity paradigm, autistic empowerment, and postnormal possibilities*. Autonomous Press.

Uso de la IA para el diseño, desarrollo y evaluación de cursos formativos sobre competencia digital para docentes

Coral Ruiz-Roso Vázquez
Universidad de Málaga

María Rubio Gragera
Universidad de Málaga

Violeta Cebrián Robles
Universidad de Málaga

Andrea Cívico Ariza
Universidad de Málaga

1. Introducción

La Inteligencia Artificial (en adelante IA) está revolucionando nuestra sociedad, facilitando la creación de servicios invaluables y expandiéndose a todos los aspectos de la vida cotidiana (Villagomez Palacios, 2025). Esta tecnología, desarrollada a partir de data, hardware y conectividad, permite a las máquinas realizar tareas que normalmente requieren de inteligencia humana (Aparicio-Gómez, 2023), como son la percepción, la resolución de problemas, el razonamiento, la interacción lingüística e incluso la creatividad (Acosta Faneite y Finol de Franco, 2024).

La IA es considerada la nueva tecnología y se ha convertido en una herramienta fundamental para la educación del siglo XXI (Numa-Sanjuán et al., 2024) y, por tanto, es una necesidad que los docentes adquieran competencias digitales en IA para poder preparar a los estudiantes cuyo futuro estará impulsado principalmente por la tecnología (Ocaña-Fernández et al., 2019). Además, la IA tiene el potencial necesario para: enfrentar algunos de los desafíos de la educación actual, innovar en los procesos de enseñanza-aprendizaje en el aula, y de acuerdo con la UNESCO (2022) contribuir al cumplimiento del Objetivo de Desarrollo Sostenible nº4 centrado en garantizar una educación inclusiva, equitativa y de calidad, así como de promover oportunidades durante toda la vida para todos (Naciones Unidas, 2023).

La IA a diferencia de otras tecnologías digitales como las tecnologías de la información y la comunicación presentan desafíos éticos y sociales únicos, como son: la responsabilidad, la privacidad, la transparencia, etc. además de tener la capacidad, como hemos mencionado anteriormente, de imitar el comportamiento humano (Şahín Kölemen, 2024). Poder enfrentarnos a estos desafíos requiere competencias digitales especificas más allá de la alfabetización digital que ya conocemos (Fernández-Cruz et al., 2024).

La UNESCO (2024) presentó, en la Semana del Aprendizaje Digital en 2004, dos marcos de competencias en temática de IA uno enfocado al profesorado y otro para los estudiantes con el fin de ayudar a los sistemas educativos ante la transformación tan rápida de nuestra forma de vivir, trabajar y aprender. El objetivo de estos marcos de competencias es ofrecer una guía para desarrollar estrategias educativas que sean éticamente informadas, inclusivas, adaptables y con visión de futuro, que promuevan la concienciación sobre el potencial y los riesgos de implementar la IA tanto en entornos educativos como fuera de ellos, así como de demostrar la capacidad única de esta inteligencia para imitar comportamientos humanos.

Nos encontramos, por tanto, con uno de los mayores desafíos a la hora de implementar la IA en el entorno educativo, y este es el nivel en competencias digitales que tiene el profesorado. A pesar, de que la tecnología avanza de manera exponencial, ofreciendo herramientas para mejorar los procesos de enseñanza-aprendizaje, son muchos los docentes que no cuentan con conocimientos ni habilidades para un uso completo y adecuado de estas innovaciones en el aula (Alejaldre Biel y Álvarez Ramos, 2019; Santiago Trujillo y Garvich Ormeño, 2024).

Y una de estas innovaciones es la IA que a pesar de estar cada vez más extendida en la práctica docente, ya que el profesorado hace uso de ella para preparar las clases, diseñar materiales educativos, fomentar una educación personalizada al alumnado, etc. (García San Martín, 2024; Sánchez Rodríguez et al., 2024). En muchas ocasiones el profesorado no tiene formación sobre estos conocimientos ni se siente preparado para introducir esta herramienta en el aula, y hacer un uso adecuado de ella (Rondon-Morel et al., 2024). Según datos del Reglamento Del Parlamento Europeo y del Consejo (2024), en un estudio realizado en 2023, solo el 10% de los centros escolares y las universidades supervisan el uso que se hace de la IA. Lo que demuestra que existe una ausencia de pautas claras o guía estructurada de cómo introducir estas prácticas en el aula (Delgado et al., 2024).

Como destaca Azoulay (Ministerio de Asuntos Exteriores, Unión Europea y Cooperación, 2025), las oportunidades que puede genera la IA para la educación queda sujeta a que se utilice con principios éticos claros. Además, debe complementar las dimensiones sociales y humanas y sociales del aprendizaje, convirtiéndose en una herramienta al servicio del alumnado y el profesorado que les genere autonomía y bienestar.

Para concluir, destacar el gran potencial que tiene el uso de la IA en el ámbito educativo (Cardenas Gonzales, 2025). Gracias a las herramientas que proporciona para un mejor proceso de enseñanza-aprendizaje, así como el desarrollo de competencias digitales fundamentales para un futuro tanto profesional como académico para profesorado y estudiantado. Es importante también destacar, la importancia de introducir estas herramientas en el aula de forma cautelosa y regulada, para garantizar la privacidad y seguridad de los usuarios, así como un uso ético y crítico de las mismas. También hay que destacar la importancia de formar a los docentes en el uso de estas herramientas (Tramallino y Marize Zeni, 2024).

2. Implementando la IA en el diseño de cursos formativos

Cuando aludimos a la implementación de la IA en el diseño de recursos educativos, las posibilidades se convierten en infinitas, tanto para el profesorado como para el alumnado (Sánchez Vera y González Calatayud, 2024). Desde la creación de experiencias de aprendizaje personalizadas, pasando por diseño de planes de estudios o de actividades didácticas o de investigación (UNESCO, 2023), la IA se transforma en un apoyo fundamental siempre y cuando lo que diseñemos esté en consonancia en el marco de nuestra estrategia didáctica.

Como ya se ha señalado, el diseño de materiales y recursos formativos forma parte del Marco de la Competencia Digital Docente y se trata de una de las actividades más relevantes que los docentes deben desempeñar en la actualidad.

En el diseño de recursos, al igual que en otros ámbitos de la práctica profesional docente, el trabajo colaborativo resulta esencial para el desarrollo de experiencias educativas exitosas. Herramientas basadas en IA generativa, como ChatGPT, suponen un aliado perfecto para dotar a los docentes de la habilidad de crear o personalizar recursos optimizando su tiempo y habilidades creativas, ayudando a estructurar infografías, resumiendo temario, simulando situaciones de aprendizaje o a crear listas de glosarios relacionados con una temática específica (Díaz Vera et al., 2024). Estos chatbots generan texto de manera coherente prediciendo la continuación del texto cuando el usuario introduce una instrucción o pregunta, lo que comúnmente se conoce como el "prompt" (Van Vaerenbergh, 2024).

Sin embargo, este proceso de predicción no es perfecto, por lo que todos los recursos diseñados han de contrastarse, ya que la información generada puede no ser la adecuada, presente errores o incluso sesgos. Es importante destacar, por tanto, que la integración efectiva de la IA en el diseño de recursos educativos no requiere únicamente de las competencias digitales de los docentes, sino también de una compleja comprensión de principios pedagógicos con relación al diseño instruccional y las teorías del aprendizaje (Sánchez Vera y González Calatayud, 2024).

Casi de forma paralela a los chatbots, han surgido a su vez generadores de imágenes basados en IA, como DALL-E, Stable Diffusion o Midjourney, revolucionando la forma en la que se conocía hasta el momento la creación de contenido audiovisual y abriendo nuevas posibilidades en diversos campos, incluidos la Educación. Estas herramientas resultan especialmente útiles para la creación de imágenes a partir de texto con el objetivo de ilustrar contenido académico. Al igual que ocurre con los chatbots, también en estas herramientas de IA generativa, la calidad de los productos generados depende en gran parte del prompt inicial (Van Vaerenbergh, 2024).

En este sentido, la mediación docente resulta esencial en el uso de herramientas de IA generativa para poder fomentar la creatividad y permitir el diseño de experiencias atractivas y generación de ideas (Castro y Orellana, 2024). Por tanto, el docente ha de ser experto y es quien debe tomar las decisiones acerca de los recursos que está diseñando. Entre las cuestiones que hemos de tener en cuenta a la hora de diseñar recursos educativos con IA generativa se encuentran prestar atención a no perpetuar estos posibles sesgos a la hora de diseñar recursos, reflexionar acerca de las licencias de uso o ser conscientes de la privacidad de datos, si los hubiese (Sánchez Vera y González Calatayud, 2024).

Otras herramientas para la elaboración de material didáctico que cabe aquí señalar en cuanto a la elaboración de materiales didácticos son las recogidas por Díaz Vera et al., (2024), entre otras: Perplexity IA (para búsqueda de información sobre temas específicos y recursos educativos en línea) y SlikdesAI, MaigcSlides App o GPT for slides (para hacer diapositivas de presentaciones).

El diseño de recursos didácticos implica una serie de cuestiones pedagógicas en cuanto a accesibilidad y usabilidad que son esenciales para abordar de forma adecuada la atención a la diversidad dentro del aula (Sánchez Vera y González Calatayud, 2024). En este contexto, es fundamental que los recursos creados se adapten a las necesidades del alumnado e identificar cuáles son las oportunidades que este tipo de herramientas pueden proporcionar a los docentes. Buedaño (2023) señala, entre otras muchas: el diseño de actividades alineadas con el currículo para planificar la estructura didáctica de las clases, desarrollar actividades de aprendizaje enfocados a la resolución de problemas, la creación de actividades que permiten fomentar el pensamiento crítico o el desarrollo de propuestas de proyectos de investigación desde un enfoque constructivista en cuanto a su complejidad.

No obstante, la implementación de la IA no se queda únicamente en el diseño de la actividad formativa, sino que va mucho más allá. Diseñar recursos implica plantearse cuestiones acerca del desarrollo y la evaluación que, para lo cual la integración efectiva de la IA puede resultar de gran utilidad.

3. Uso de la IA para el desarrollo de los contenidos de cursos formativos

La IA ha supuesto un antes y un después en el desarrollo de contenidos de cursos formativos en todos los ámbitos, con un lugar especial para el ámbito educativo por tener el componente pedagógico más arraigado. La IA no solo permite la automatización de tareas repetitivas, sino que también optimiza la creación de materiales personalizados y adaptativos, mejorando la experiencia de aprendizaje y la eficacia de la formación (Barrera Castro et al., 2024).

En este apartado abordaremos las principales aplicaciones de IA y herramientas claves para la generación de contenidos, desde una perspectiva práctica.

En primer lugar, la personalización de los recursos es uno de los grandes beneficios que el uso de la IA ha supuesto en la creación de contenido educativo. La posibilidad de que algoritmos de aprendizaje automático puedan analizar el perfil del alumnado, sus conocimientos previos y sus necesidades específicas para generar materiales ajustados a su nivel, ha supuesto una mejora indiscutible en este ámbito de conocimiento (Norman-Acevedo, 2023; Villordo-Portillo, 2025). Concretamente, plataformas como ChatGPT, Jasper y Copilot, permiten la generación de textos educativos, explicaciones y guías de estudios centradas en las necesidades particulares de cada usuario. DeepL y Google Translate con IA, facilitan la adaptación de los contenidos a diferentes idiomas con gran precisión. Igualmente, ScribeSense, ofrece un análisis de respuestas escritas para generar retroalimentación personalizada, así como la transcripción de textos escritos.

En segundo lugar, utilizar la IA para el desarrollo de cursos formativos permite la automatización de la creación de contenidos, aspecto que libera a los docentes y diseñadores instruccionales para que puedan dedicarse más en profundidad a los aspectos pedagógicos y metodológicos (Peláez-Sánchez et al., 2024; Tapalova & Zhiyenbayeva, 2022). En este sentido, herramientas como Canva con IA y Adobe Sensei permiten diseñar infografías y presentaciones con unos conocimientos básicos de diseño. Concretamente, MagicSlides, permite crear presentaciones en PowerPoint o Google Slides a partir de texto, ahorrando tiempo en la estructuración de las diapositivas. Sýnthesia, Pictory, Lumen5 y RunwayML, transforman en vídeo con narraciones automatizadas, avatares virtuales y animaciones, textos escritos y artículos, facilitando con ello el desarrollo de materiales audiovisuales accesibles más atractivos y motivadores para el alumnado. Quillionz y Quizgecko generan automáticamente, a partir de textos educativos, preguntas de evaluación, tests y resúmenes. En esta misma línea, Play.ht, Murf AI Elevenlabs y Well-Said Labs, son plataformas de síntesis de voz que convierten texto en audio natural, permitiendo crear podcasts o narraciones con finalidad educativa haciendo más accesible el contenido de cursos y formaciones a toda la población. Por último, Designrr y Otter.ai, ayudan a convertir documentos de texto en libros electrónicos interactivos y transcribir contenidos de audio o vídeo en tiempo real.

En tercer lugar, debemos tener en cuenta que el aprendizaje que se lleva a cabo en entornos digitales debe presentar un interés especial en mantener la atención del usuario, para ello, tal como exponen Obando et al., (2025), la combinación de materiales en diferentes formatos es una estrategia muy adecuada. En esta tarea, la IA aporta la facilidad de crear simulaciones interactivas y contenidos multimedia (Zaragoza-Alvarado, 2024). Las siguientes herramientas permiten realizar estos recursos: ThingLink y H5P permiten, entre otras acciones, la creación de vídeos interactivos con etiquetas informativas y preguntas integradas en el propio vídeo; Kahoot!, Quizizz, LearningApp y Educaplay, permiten la creación de juegos educativos interactivos personalizados y la generación de cuestionarios, crucigramas, o sopas de letras, entre otros, facilitando la adquisición de conocimientos de forma lúdica; Genially es una herramienta que permite el diseño interactivo de infografías, presentaciones o Escape Room digitales basado en el progreso del alumnado; Eloomi AI y EdApp, son plataformas de aprendizaje adaptativo que facilitan la generación automática de rutas de aprendizaje interactivas basadas en el progreso individual de cada estudiante; Curipod, fomenta la participación activa de los discentes mediante la creación de lecciones interactivas con IA; Storyboard That, permite crear narrativas audiovisuales y comics educativos sobre un contenido específico.

En último lugar, el algoritmo de IA puede analizar el rendimiento y la interacción del alumnado en tiempo real, hecho que permite a los docentes optimizar el contenido del curso para adaptarlo a necesidades reales y concretas (Bolaño García, 2024). Concretamente, herramientas como Learning Locker, Moodle con IA, Edsight, DOMO, Tableau con IA y Google Analytics para educación, permiten analizar parámetros como las respuestas a las evaluaciones, el tiempo de dedicación a cada recurso y los patrones de navegación. Estas acciones permiten ajustar la dificultad de los materiales e incluso añadir recursos adicionales para conseguir el avance de todos los matriculados, adaptando el progreso de la formación. En esta misma línea, encontramos Squirrel AI como un sistema de tutorías inteligentes que también adapta el contenido de la formación a rendimiento y el nivel de conocimiento, realizando un seguimiento real del alumnado.

En definitiva, la IA presenta muchos beneficios en el desarrollo de los contenidos para la formación, convirtiéndose en un gran aliado para potenciar el proceso de aprendizaje en la era digital. Sin embargo, su implementación debe ir acompañada de una validación rigurosa y un uso ético que garantice la calidad y privacidad de la información en todo momento.

4. Procesos de evaluación mediados por IA

La IA se ha filtrado en todos los campos, como refleja este capítulo, en la educación ha tenido una gran acogida con usos múltiples, desde la revisión de textos y correcciones gramaticales, la elaboración de casos prácticos, la búsqueda de información o la generación de situaciones de aprendizaje, a su uso para la evaluación, tema este último, en el que se centra este apartado.

Si bien es cierto que hoy día ya empieza a ser común y aceptado de forma generalizada el uso de la IA en el campo educativo (Bolaño-García y Duarte-Acosta, 2024), cambia el concepto cuando hablamos de su uso enfocado en la evaluación, con la aparición de diversas preocupaciones o cuestionamientos de cara a una evaluación ética, la función del docente en la evaluación o el manejo de datos sensibles como son las calificaciones de los estudiantes (Ruíz y Yépez, 2024; Jara y Ochoa, 2020). Sin embargo, promover un uso adecuado y ético de la IA debería disipar estas preocupaciones, concibiendo la IA, en su uso para la evaluación, como una herramienta potente de apoyo por para el docente, que le permitirá realizar una evaluación más objetiva y fundamentada.

Las oportunidades que nos ofrece la IA y que repercuten directamente en la evaluación son múltiples, Cordón (2023) las sintetiza en siete puntos:

1. Papel más activo del estudiante al conocer su evolución y poder optimizar su aprendizaje.

2. La identificación del estudiantado que requiere más apoyo (sistemas de IA para monitorización).

3. La evaluación e identificación de altas competencias (modelos predictivos de IA).

4. El tratamiento de estudiantes con diversidad funcional (analítica del aprendizaje, sistemas adaptativos basados en IA).

5. Nuevos modelos de tutorización (sistemas inteligentes de tutorización).

6. Sistemas de recomendación y retroalimentación.

7. La predicción del fracaso temprano y la detección de estudiantado anómalo (sistemas de aprendizaje automático y evaluación de competencias) (p.19).

Los sistemas de evaluación automática como Turnitin, Gradescope, Crowdmark, Wize o Moodle, ofrecen una retroalimentación detallada al alumnado, así como ahorran tiempo de evaluación a los docentes (Mujica-Sequera, 2024).

Son numerosas las herramientas que han sido diseñadas para evaluar utilizando IA, o bien que la han implementado entre sus funcionalidades. Mencionamos algunas de ellas, siendo conscientes de que proliferan a un ritmo frenético. Socrative ofrece la opción de crear cuestionarios de forma automática. Megaprofes permite crear cuestionarios de evaluación, así como rúbricas. Magic School ofrece una amplia gama de posibilidades mediadas por IA, desde la creación de rúbricas o pruebas de evaluación, a la creación de un chatbot personalizado, la generación de comentarios de retroalimentación o la creación de una evaluación a raíz de un video de YouTube. Cograder ayuda a los docentes en la evaluación de textos, ofrece rúbricas e incluso permite su integración en Google Classroom. Quizziz genera evaluaciones interactivas y gamificadas adaptadas según las necesidades del alumnado.

Sin duda, el uso de la IA ayuda a los docentes en su labor de evaluación a la vez que promueve un aprendizaje más personalizado (Cisneros et al., 2024). No solo reduce las tareas de creación de actividades de evaluación, sino que permite personalizarlas según el grupo de alumnado y sus necesidades, promover la participación usando elementos del juego, así como ofrecer una retroalimentación inmediata, lo que repercute positivamente en el alumnado.

La evaluación es uno de los aspectos más importantes dentro de proceso de enseñanza aprendizaje, y desde hace años reclama un necesario cambio adaptado a la realidad donde huyamos de esa evaluación centrada en los resultados para acercarnos a una que promueva el desarrollo de competencias. La IA puede ser de gran ayuda, pero las reticencias a su uso para esta labor se evidencian, como sostiene Sánchez-Vera (2023), en el tipo de tareas que se solicita al alumnado que pueden ser fácilmente realizadas por la IA, evidenciando esas debilidades o reticencias al cambio. Esto desvela un necesario "cambio de chip" por parte de los docentes en el desarrollo de sus evaluaciones, que de primeras puede suponer un esfuerzo de actualización, pero que después repercutirá de forma positiva y significativa al ayudarles a gestionar la evaluación de una forma más eficiente, lo que conlleva una mejora en la calidad del aprendizaje por parte del alumnado.

La necesaria conciencia ética en el uso de la IA requiere de un conocimiento más profundo de ella, por lo que promover la realización de actividades por parte del profesorado, en las que sea el alumnado quien evalúe un contenido generado con IA, puede ser de gran ayuda para que estos conozcan el alcance de la IA, con sus ventajas (recurso de apoyo, rapidez u objetividad) y sus inconvenientes (posibles sesgos, incongruencias o equivocaciones). Habrá un uso más ético, y con ello eficiente, en la medida en que se conozca lo suficiente como para sacarle el mayor partido, desde la construcción de un buen prompt, hasta el necesario conocimiento sobre la temática que se consulta para evitar tomar por bueno y sin contrastar la primera información que nos ofrezca.

Sin duda, el uso de la IA en evaluación parece crecer rápidamente (Ruíz-Lázaro et al., 2025; Cebrián-de-la-Serna y Pérez-Torregrosa, 2024; Serrano y Moreno-García, 2024), debiendo tener presente siempre la importancia de un uso ético. Cabe aludir aquí al Reglamento de Inteligencia Artificial (RIA) que entrará en vigor el 2 de agosto de 2026, y en el que se clasifica el uso de la IA en educación como de alto riesgo, aludiendo al necesario cumplimiento de unos requisitos de seguridad y tener muy presente la protección de datos personales en el uso de dicha herramienta, entre otros aspectos, pero en el que también se fomenta el uso de esta tecnología con vistas a promover la innovación en la enseñanza y aprendizaje.

El Reglamento de Inteligencia Artificial (RIA) que entrará en vigor el 2 de agosto de 2026, clasifica el uso de la IA en educación como de alto riesgo, aludiendo al necesario cumplimiento de unos requisitos de seguridad y tener muy presente la protección de datos personales en el uso de dicha herramienta, entre otros aspectos, pero fomenta el uso de esta tecnología con vistas a promover la innovación en la enseñanza y aprendizaje.

En definitiva, la IA es una realidad que a diario nos sorprende con nuevas funcionalidades que, haciendo un buen uso, pueden ser de gran ayuda para el docente, permitiéndole liberarse de tareas reiteradas o meramente administrativas, y facilitando su concentración en los aspectos más relevantes, lo que repercute positivamente en la calidad de la enseñanza, y en este caso, de la evaluación. Como Cordón (2023) mencionó, parece que evolucionamos a lo que él denomina:

Un nuevo híbrido "humano + ordenador (IA)" el que el ser humano ejerza el pensamiento crítico, la creatividad, la colaboración, el liderazgo, etc.; mientras que la IA, aun requiriendo una alfabetización y conllevando una serie de riesgos, pueda proporcionar un apoyo fundamental en un entorno de Enseñanza (diseño del aprendizaje con herramientas de IA) y Evaluación (basada en las mismas actividades del aprendizaje) con IA (p.25).

4. Conclusiones

La IA se presenta como una tecnología disruptiva, con potencial para transformar el ámbito educativo. Nos encontramos ante una tecnología que tiene la capacidad de simular la inteligencia humana y que ofrece un abanico de posibilidades para enriquecer los procesos de enseñanza-aprendizaje, permitiendo una educación personalizada y preparando a profesorado y estudiantado para un futuro tecnológico.

La implementación de la IA en el diseño de recursos educativos la convierte en una herramienta de un gran valor significativo para la creación y adaptación de estos recursos. Desde la generación de textos e imágenes hasta la creación de materiales didácticos, optimizando así el tiempo en el desarrollo de experiencias de aprendizaje más atractivas y adaptadas a las necesidades del alumnado, aunque no podemos olvidar el verificar la información generada.

Con respecto al desarrollo de contenidos, la IA facilita la personalización de materiales mejorando los procesos de enseñanza-aprendizaje, ya que permite adaptar el currículum al nivel del estudiantado y a sus ritmos de aprendizaje. Así como la automatización de ciertas tareas como la creación de materiales en diferentes formatos, generando recursos más interactivos y atractivos; lo que fomenta la participación activa y el interés del alumnado. No obstante, la validación rigurosa y el uso ético son imprescindibles para garantizar la calidad y la privacidad de la información.

En cuanto a los procesos de evaluación, la IA es considerada una herramienta con gran potencial para hacer que estos procesos sean más objetivos, fundamentados y personalizados. El uso adecuado de estas herramientas puede liberar al profesorado de unas tareas que suelen ser reiteradas y en ocasiones un mero trámite, así como ofrecer una retroalimentación detallada identificando las necesidades de apoyo.

En definitiva, la IA es fundamental para la innovación educativa, siempre y cuando, como hemos mencionado, se implemente de manera ética y regulada. En este sentido, la formación del profesorado en competencias digitales relacionadas con la IA es imprescindible para aprovechar su potencial en el aula, además de para preparar al estudiantado para un futuro impulsado por la tecnología.

Referencias bibliográficas

Acosta Faneite, S. F., y Finol de Franco, M. R. (2024). Inteligencia artificial como mecanismo para mejorar la gestión educativa universitaria. *Revista de Ciencias Sociales, 30*(3), 583-597. https://doi.org/10.31876/rcs.v30i3.42697

Alejaldre Biel, L., y Álvarez Ramos, E. (2019). La competencia digital docente del profesor universitario 3.0. *Caracteres: estudios culturales y críticos de la esfera digital, 8*(2), 205-236.

Aparicio-Gómez, W.O. (2023). La Inteligencia Artificial y su Incidencia en la Educación: Transformando el Aprendizaje para el Siglo XXI. *Revista Internacional de Pedagogía e Innovación Educativa, 3*(2), 217-230. https://doi.org/10.51660/ripie.v3i2.133

Barrera Castro, G. P., Chiappe, A., Becerra, D. F., & Gonzalo Sepúlveda, F. (2024). Harnessing AI for Education 4.0: Drivers of Personalized Learning. *Electronic Journal of e-Learning, 22*(5), 01-14. https://doi.org/10.34190/ejel.22.5.3467

Bolaño García, M. (2024). Transformando la educación con Inteligencia Artificial: innovaciones para mejorar la experiencia y el rendimiento académico. *Praxis, 20*(3), 456–459. https://doi.org/10.21676/23897856.6245

Bolaño-García, M., y Duarte-Acosta, N. (2024). Una revisión sistemática del uso de la inteligencia artificial en la educación. *Revista Colombiana de Cirugía, 39*(1), 51-63. https://doi.org/10.30944/20117582.2365

Buenaño, D. (2023, 5 de junio). La IA generativa en la educación: Desafíos y oportunidades para el futuro. *Forbes.* https://www.forbes.com.ec/columnistas/la-ia-generativa-educacion-desafios-oportunidades-futuro-n34859

Cardenas Gonzales, J. R. (2025). ¿IA en la educación o educación con IA?. *Revista Científica en Ciencias Sociales, 7,* e701401. https://doi.org/10.53732/rccsociales/e701401

Castro, H., y Orellana, C. (2024). Alfabetización con herramientas de la IA: estudio de caso para la creación de actividades didácticas. *Revista Iberoamericana de Tecnología en Educación y Educación en Tecnología,* (37), 52-62. https://doi.org/10.24215/18509959.37.e5

Cebrián-de-la-Serna, M., y Pérez-Torregrosa, A.B. (2024). La inteligencia artificial y su contribución a los ePortafolios en el prácticum. *Revista Practicum, 9*(2), 38–53. https://doi.org/10.24310/rep.9.2.2024.20495

Cisneros Vásquez, E., Nevárez Loza, R., Farez Cherrez, A., y Torres Montes, R. (2024). Uso de la inteligencia artificial en la personalización del aprendizaje. *Conocimiento Global, 9*(1), 75-83. https://doi.org/10.70165/cglobal.v9i1.339

Cordón García, O. (2023). Inteligencia Artificial en Educación Superior: Oportunidades y Riesgos. *RiiTE Revista interuniversitaria de investigación en Tecnología Educativa* (15), 16–27. https://doi.org/10.6018/riite.591581

Delgado, N., Campo Carrasco, L., Etxabe-Urbieta, J. M., y Sainz de la Maza, M. (2024). Aplicación de la Inteligencia Artificial (IA) en Educación: Los beneficios y limitaciones de la IA percibidos por el profesorado de educación primaria, educación secundaria y educación superior. *Revista electrónica interuniversitaria de formación del profesorado: REIFOP, 27*(1), 207-224. https://doi.org/10.6018/reifop.577211

Diaz Vera, J. P., Molina Izurieta, R., Bayas Jaramillo, C. M., y Ruiz Ramírez, A. K. (2024). Asistencia de la inteligencia artificial generativa como herramienta pedagógica en la educación superior. *Revista De Investigación En Tecnologías De La Información, 12*(26), 61–76. https://doi.org/10.36825/RITI.12.26.006

Fernández-Cruz, F. J., Rodríguez-Legendre, F., y Sainz, V. (2024). La competencia digital docente y el diseño de situaciones innovadoras con TIC para la mejora del aprendizaje. *Bordón. Revista de Pedagogía, 76*(2), 11-24. https://doi.org/10.13042/Bordon.2024.106342

García San Martín, M. J. (2024). ¿Qué lugar ocupa la IA en las competencias digitales de los docentes? *Cuadernos de pedagogía, 549,* 19.

Jara, I., y Ochoa, J. M. (2020). Usos y efectos de la inteligencia artificial en educación. Sector Social división educación. BID Banco Interamericano de Desarrollo. http://dx. doi. org/10.18235/000238

Ministerio de asuntos exteriores, Unión Europea y cooperación (2025, 20 de enero). La UNESCO dedica el Día Internacional de la Educación 2025 a la inteligencia artificial. *Exteriores.gob.es* https://www.exteriores.gob.es/RepresentacionesPermanentes/unesco/es/Comunicacion/Noticias/Paginas/Articulos/La-UNESCO-dedica-el-D%C3%ADa-Internacional-de-la-Educaci%C3%B3n-2025-a-la-inteligencia-artificial.aspx

Mujica-Sequera, R. M. (2024). Clasificación de las Herramientas de la Inteligencia Artificial en la Educación. *Revista Tecnológica-Educativa Docentes 2.0, 17*(1), 31-40. https://doi.org/10.37843/rted.v17i1.513

Naciones Unidas (2023). Objetivo 4: Garantizar una educación inclusiva, equitativa y de calidad y promover oportunidades de aprendizaje durante toda la vida para todos. https://www.un.org/sustainabledevelopment/es/education/

Norman-Acevedo, E. (2023). La inteligencia artificial en la educación: una herramienta valiosa para los tutores virtuales universitarios y profesores universitarios. *PANORAMA, 17(32)*, 1-10. https://doi.org/10.15765/pnrm.v17i32.3681

Numa-Sanjuán, N., Diaz-Guecha, L. Y., y Peñaloza-Tarazona, M. E. (2024). Importancia de la Inteligencia Artificial en la educación del siglo XXI. *AiBi Revista de Investigación, Administración e Ingeniería, 12*(2), 49-62. https://doi.org/10.15649/2346030X.3776

Obando Sandoval, C. A., Añazco Naula , J. E., Toala Timaran, F. C., Livingston Pardo , P. M., Moran Valencia , S. F., y Diaz Mendoza , A. C. (2025). El Impacto de la Inteligencia Artificial Dentro del Proceso de Enseñanza Aprendizaje de la Educación. *Ciencia Latina Revista Científica Multidisciplinar, 9*(1), 7407-7424. https://doi.org/10.37811/cl_rcm.v9i1.16416

Ocaña-Fernández, Y., Valenzuela-Fernández, L. A., y Garro-Aburto, L. L. (2019). Inteligencia artificial y sus implicaciones en la educación superior. *Propósitos y Representaciones, 7*(2), 536-568. https://doi.org/10.20511/pyr2019.v7n2.274

Peláez-Sánchez, I., Velarde-Camaqui, D., & Glasserman-Morales, L. (2024). The impact of large language models on higher education: exploring the connection between AI and Education 4.0. *Frontiers in Education*, (4). https://doi.org/10.3389/feduc.2024.1392091

Reglamento Del Parlamento Europeo y del Consejo 2024/1689, de 13 de junio de 2024, por el que se establecen normas armonizadas en materia de inteligencia artificial y por el que se modifican los Reglamentos (CE) n° 300/2008, (UE) n° 167/2013, (UE) n° 168/2013, (UE) 2018/858, (UE) 2018/1139 y (UE) 2019/2144 y las Directivas 2014/90/UE, (UE) 2016/797 y (UE) 2020/1828 (Reglamento de Inteligencia Artificial). *Diario Oficial de la Unión Europea.* https://acortar.link/ZcBOFA

Rondon-Morel, R. O., Pacotaipe-Delacruz, R., Alarcón-Nuñez, E. A., y Yepez-Salvatierra, P. N. (2024). El Impacto de la Inteligencia Artificial en la Formación Docente. *Revista Internacional Tecnológica-Educativa Docentes 2.0 (RTED)*, 17(2), 368-375. https://doi.org/10.37843/rted.v17i2.566

Ruíz-Lázaro, J., Redondo-Duarte, S., Jiménez-García, E., Martínez-Requejo, S., y Galán-Íñigo, A. (2025). Análisis de las guías de uso de la inteligencia artificial en educación superior. *Bordón: Revista de pedagogía, 77*(1), 121-153. https://doi.org/10.13042/Bordon.2025.110638

Ruíz Muñoz, G. F., y Yépez González, D. A. (2024). Transformando la Educación a través de la Inteligencia Artificial: Un Enfoque en el Aprendizaje Significativo. *Revista Social Fronteriza, 4*(2), 42191. https://doi.org/10.59814/resofro.2024.4(2)191

Şahín Kölemen, C. (2024). Artificial intelligence technologies and ethics in educational processes: Solution suggestions and results. *Innoeduca. International Journal of Technology and Educational Innovation, 10*(2), 201-216. https://doi.org/10.24310/ijtei.102.2024.19806

Sánchez Rodríguez, A. N., Martínez Romero, M. E., Rodríguez Agreda, C. J., Romero Saldarriaga, J. G., y Romero Saldarriaga, M. A. (2024). Impacto de la inteligencia artificial en las prácticas educativas: Percepciones y actitudes del profesorado. *Latam: revista latinoamericana de Ciencias Sociales y Humanidades, 5*(2), 1038-1055. https://doi.org/10.56712/latam.v5i2.1933

Sánchez Vera, M. D. M. (2023). La inteligencia artificial como recurso docente: usos y posibilidades para el profesorado. *Educar, 60*(1), 33-47. https://doi.org/10.5565/rev/educar.1810

Sánchez Vera, M. D. M., y González Calatayud, V. (2024). La IA generativa como copiloto en el diseño de recursos educativos. *Padres Y Maestros / Journal of Parents and Teachers*, (398), 12–18. https://doi.org/10.14422/pym.i398.y2024.002

Santiago Trujillo, Y. D., y Garvich Ormeño, R. M. (2024). Competencias Digitales e Integración de las TIC en el Proceso de Enseñanza-Aprendizaje. *Revista Tecnológica-Educativa Docentes 2.0 (RTED), 17*(1), 50-65. https://doi.org/10.37843/rted.v17i1.405

Serrano, J.L., y Moreno-García, J. (2024). Inteligencia artificial y personalización del aprendizaje: ¿innovación educativa o promesas recicladas?. *Edutec, Revista Electrónica De Tecnología Educativa* (89), 1–17. https://doi.org/10.21556/edutec.2024.89.3577

Tapalova, O., & Zhiyenbayeva, N. (2022). Artificial Intelligence in Education: AIEd for Personalised Learning Pathways. *The Electronic Journal of e-Learning, 20*(5), 639-653. https://doi.org/10.34190/ejel.20.5.2597

Tramallino, C. P., y Marize Zeni, A. (2024). Avances y discusiones sobre el uso de inteligencia artificial (IA) en educación. *Educación: PUCP, 33*(64), 29-54. https://doi.org/10.18800/educacion.202401.M002

UNESCO (2022) *ChatGPT e Inteligencia Artificial en la Educación Superior*. UNESCO

UNESCO (2023). *Currículos de IA para la enseñanza preescolar, primaria y secundaria*. UNESCO.

UNESCO (2024) *Qué debe saber acerca de los nuevos marcos de competencias en materia de IA de la UNESCO para estudiantes y docentes*. UNESCO. https://www.unesco.org/es/articles/que-debe-saber-acerca-de-los-nuevos-marcos-de-competencias-en-materia-de-ia-de-la-unesco-para

Van Vaerenbergh, S. (2024). Inteligencia artificial para potenciar la creatividad y la innovación educativa. *Revista INFAD De Psicología. International Journal of Developmental and Educational Psychology.*, *1*(1), 507-513. https://doi.org/10.17060/ijodaep.2024.n1.v1.2644

Villagómez Palacios, A. H. (2025). El impacto de la Inteligencia Artificial en la Sociedad: Una Revisión Sistemática de su Influencia en Ámbitos Sociales, Económicos y Tecnológicos. *Ciencia Latina: Revista Multidisciplinar*, *9*(1), 8150-8172. https://doi.org/10.37811/cl_rcm.v9i1.16468

Villordo-Portillo, T.J. (2025). El rol docente en el uso de la IA en el colegio San Lorenzo de la ciudad de Pilar año 2024. *Ciencia Latina Revista Científica Multidiciplinar, 9* (1), 673-692. https://doi.org/10.37811/cl_rcm.v9i1.15772

Zaragoza Alvarado, G. A. (2024). Implementación de herramientas de la IA generativa que favorecen el aprendizaje de significativo en la EMS. *Revista Social Fronteriza*, *4*(5), e495. https://doi.org/10.59814/resofro.2024.4(5)495

Las competencias profesionales docentes en el *podcast* escolar. Un recurso para un aprendizaje de calidad

Lucía Abarrategui Amado
Universidade de Santiago de Compostela

María del Camino Pereiro González
CPI Virxe da Cela. Consellaría de Educación, Ciencia, Universidades e Formación Profesional. Xunta de Galicia

1. El concepto de radio escolar

La llegada de internet ha supuesto la democratización de la radio, a través de su versión digital (el *podcast*) y de la extensión de dispositivos como los teléfonos inteligentes. Las necesidades técnicas para incorporar la radio a la escuela son menos, más sencillas de usar y más baratas. Así, se detecta una evolución de la radio como contenido educativo a su extensión como continente y facilitadora de sinergias entre materias y contextos. El alumnado ya no se limita a escuchar y el profesorado a impartir clases magistrales, ambos pueden encontrarse en los procesos de producción de *podcast* donde existe una demanda implícita de la participación de toda la comunidad. De hecho, la radio como medio educativo fue incorporando nuevos objetivos a uno de sus propósitos fundamentales (la alfabetización). Entre ellos, un contexto de participación comunitario de base democrática. En este sentido, su accesibilidad y asequibilidad "(...) hacen de la radio el medio colectivo potencialmente más democrático" (Herrera, 2003, p. 28).

En los años noventa, la radio experimentó un gran auge como herramienta educativa; una tendencia que se presenta de nuevo en alza con la popularización del podcast. Así lo ilustran los datos que recoge el Informe de Situación de la Radio Escolar en España concretando que este recurso experimentó un gran crecimiento a raíz de la crisis propiciada por la pandemia del COVID-19 (Ministerio de Educación y Fundación COPE, 2024). También se identifican los principales logros potenciados por el uso de la radio en la escuela.

En este sentido, hay un prolijo número de experiencias radiofónicas escolares sobre las que se ha destacado la mejora a distintos niveles: habilidades lectoescritoras (Núñez Fernández, et al. (2022); Nieto (2020); Vila (2018), el pensamiento crítico (Merayo, 2000, Blanco et al., 2007); la autoestima y la motivación (Arias et al., 2008; Martín-Pena. et al., 2020; Szyszko y Cataldi, 2010), el trabajo colaborativo (Romero, 2015; Fantini; 2024); impulso del trabajo interdisciplinar, saberes currículo y metodologías participativas (Magalhães et al., 2023; Villamizar, 2002; Jímenez, 2001); conexión escuela-comunidad (Kaplún, 1999; Perona, 2001), Abarrategui y Pascual (2021); creatividad (Rodero, 2008; Goulart et al. 2024); aprendizaje significativo y mejora del aprendizaje (Catalán, 2015; Abarrategui, 2019; Mehri, 2015) e impulso de competencias profesionales docentes (Abarrategui, 2022; Ferrada et al., 2010).

En la actualidad nos situamos en un contexto de infoxicación, con el ruido que añade el uso irreflexivo de la Inteligencia Artificial. De esta forma, los distintos contextos educativos no pueden pensarse sin que la alfabetización mediática sea una prioridad y no pueden dar la espalda a la importancia de producir y consumir contenidos de una manera crítica y responsable. Es una tarea en la que no solo se debe formar el alumnado, sino toda la comunidad educativa y en la que el *podcast* puede ser un buen recurso.

2. Competencias Docentes y la creación radiofónica como recurso educativo

La Ley Orgánica 3/2020, de 29 de diciembre (LOMLOE) destaca la importancia de un rol docente dinámico, reflexivo y socialmente comprometido que sepa adaptar su acción educativa a las demandas actuales y a la diversidad de su alumnado.

Todo esto nos lleva a una transformación educativa y profesional donde los medios y los recursos pedagógicos estén al servicio de aprendizajes comprensivos, significativos, prácticos y funcionales. En este contexto se concreta el Marco de Competencias Profesionales Docentes de Galicia (Xunta de Galicia, 2023).

Tras su análisis cualitativo, destacamos las que intuimos tienen una mayor vinculación con la creación radiofónica en el ámbito escolar. De esta manera, las agrupamos alrededor de las áreas en las que se organizan los diferentes ámbitos de actuación y desarrollo profesional docente. Son el área pedagógica, la profesional y la social (tablas 2, 3 y 4). En ellas se integran las competencias profesionales más vinculadas con cada área y que con la formación docente y con la práctica educativa, permiten que el profesorado pueda alcanzar un óptimo nivel de desempeño, primando la calidad desde criterios evaluativos demostrables.

Esta concreción permite evaluar tanto las necesidades formativas como el desempeño profesional. Son los niveles de progreso (básico, medio y avanzado) recogidos a través de indicadores de logro que, de forma objetiva y fiable permiten evaluar el grado de consecución del desempeño deseado. Estos indicadores, al tiempo son aspectos genéricos que partiendo de su identificación cuantitativa relacionamos con la concreción competencial que genera el empleo de *podcats* como recurso para el aprendizaje (ver tabla 2):

Tabla 2. Competencias profesionales docentes desarrolladas a través del uso de la radio en la escuela: área pedagógica.

COMPETENCIAS PROFESIONALES DOCENTES DESARROLLADAS A TRAVÉS DEL USO DE LA RADIO Y DE LOS PODCAST ESCOLARES
ÁREA PEDAGÓGICA
1. Competencia didáctica
Descriptor competencial 1.1 Gestión del conocimiento
Indicador de logro y nivel de desempeño
1.1.5 (Medio): Diseña de manera crítica y autónoma situaciones de aprendizaje adecuadas al currículo.
1.1.8 (Medio): Integra en su diseño curricular situaciones de aprendizaje basadas en el Diseño Universal de Aprendizaje (DUA).
Descriptor competencial 1.2 Secuenciación y planificación
Indicador de logro y nivel de desempeño
1.2.3 (Medio): Adecúa la programación a las necesidades del alumnado mediante secuenciaciones DUA y con un enfoque competencial.
Descriptor competencial 1.3 Espacios, recursos y materiales de aprendizaje
Indicador de logro y nivel de desempeño
1.3.4 (Medio): Diseña situaciones de aprendizaje con uso flexible de recursos físicos y virtuales que promueven la inclusión.
1.3.6 (Medio): Recoge evidencias gráficas y textuales que permiten documentar cada situación de aprendizaje.
Descriptor competencial 1.4 Acompañamiento y evaluación
Indicador de logro y nivel de desempeño
1.4.4 (Medio): Integra en su programación instrumentos de evaluación diversos para dar respuesta a la diversidad del alumnado.
1.4.5 (Medio): Implica al alumnado en procesos de autoevaluación y coevaluación.
Descriptor competencial 1.5 Didácticas específicas y metodologías
Indicador de logro y nivel de desempeño
1.5.5. (Medio): Diseña situaciones de aprendizaje competencial que den respuesta a la diversidad del alumnado.
1.5.6 (Medio): Aplica diferentes propuestas didácticas y metodológicas en el aula, en función del objetivo de aprendizaje.
1.5.7 (Avanzado): Analiza los resultados de la implementación de propuestas didácticas y guarda evidencias del proceso.
Descriptor competencial 1.6 Acción tutorial y orientación pedagógica
Indicador de logro y nivel de desempeño
1.6.6 (Medio): Orienta al alumnado para su desarrollo académico y profesional.
2. Competencia Comunicativa
Descriptor competencial 2.1 Comunicación verbal
Indicador de logro y nivel de desempeño
2.1.4 (Medio): Emplea de manera espontánea estrategias de andamiaje lingüístico, adaptando el registro y el nivel a la diversidad contextual.
2.1.5 (Medio): Aplica técnicas de adaptación comunicativa como la escucha activa y la modulación del discurso.
Descriptor competencial 2.2 Comunicación no verbal

Indicador de logro y nivel de desempeño

2.2.4 (Medio): Utiliza estrategias de comunicación no verbal como medida de atención a la diversidad.

2.2.5 (Medio): Emplea técnicas escénicas (juegos de rol, simulaciones) para comunicar conceptos complejos.

Descriptor competencial 2.3 Mediación lingüística
Indicador de logro y nivel de desempeño

2.3.6 (Medio): Emplea y proporciona al alumnado estructuras lingüísticas apoyadas en aspectos socioculturales.

2.3.7 (Avanzado): Diseña recursos diversos de comunicación aumentativa.

Descriptor competencial 2.4 Sentido estético, dramático y capacidad de emocionar
Indicador de logro y nivel de desempeño

2.4.3 (Medio): Incorpora diferentes códigos (visual, gestual, musical) para conectar con el alumnado.

2.4.6. (Avanzado): Emplea de manera espontánea técnicas y recursos artísticos, incorporando elementos sorpresivos para mantener la atención y la motivación.

2.4.7 (Avanzado): Promueve entre el alumnado el empleo de diferentes códigos para producciones educativas.

Descriptor competencial 2.5 Lenguas maternas y extranjeras
Indicador de logro y nivel de desempeño

2.5.4 (Medio): Aplica el translingüismo para garantizar la comunicación y la competencia intercultural.

2.5.8 (Avanzado): Lidera proyectos multilingües en colaboración con la comunidad educativa.

3. Competencia Digital
Descriptor competencial 3.1 Compromiso profesional
Indicador de logro y nivel de desempeño

3.1.4. (Medio): Desarrollo profesional digital continuo.

3.1.5. (Medio): Protección de datos personales, privacidad, seguridad y bienestar digital.

Descriptor competencial 3.2 Recursos digitales
Indicador de logro y nivel de desempeño

3.2.1 (Básico): Búsqueda y selección de contenidos digitales.

3.2.2 (Medio): Creación y modificación de contenidos digitales.

3.2.3 (Avanzado): Protección, gestión y compartición de contenidos digitales.

Descriptor competencial 3.3 Enseñanza y aprendizaje
Indicador de logro y nivel de desempeño

3.3.1 (Medio): Enseñanza. 3.3.3 (Avanzado): Aprendizaje entre iguales.

Descriptor competencial 3.4 Evaluación
Indicador de logro y nivel de desempeño

3.4.2 (Medio): Analíticas y evidencias de aprendizaje.

3.4.3 (Avanzado): Retroalimentación y toma de decisiones.

Descriptor competencial 3.5 Capacitación del alumnado
Indicador de logro y nivel de desempeño

3.5.1 (Medio): Accesibilidad e inclusión.

3.5.3 (Avanzado): Compromiso activo del alumnado con su propio aprendizaje.

Descriptor competencial 3.6 Desarrollo de la competencia digital
Indicador de logro y nivel de desempeño

3.6.1 (Medio): Alfabetización mediática y tratamiento de la información.

3.6.4 (Avanzado): Uso responsable y bienestar digital.

Tabla 3. Competencias profesionales docentes desarrolladas a través del uso de la radio en la escuela: área profesional.

COMPETENCIAS PROFESIONALES DOCENTES DESARROLLADAS A TRAVÉS DEL USO DE LA RADIO Y DE LOS PODCAST ESCOLARES
ÁREA PROFESIONAL
4. Competencia en desarrollo profesional
Descriptor competencial 4.1 Gestión del conocimiento
Indicador de logro y nivel de desempeño
4.1.6 (Medio): Gestiona los factores de compromiso con su función docente para una mejora del rendimiento profesional.
4.1.9 (Avanzado): Es referente en la comunidad escolar y ejerce un liderazgo motivacional.
Descriptor competencial 4.2 Reflexión analítica sobre la práctica docente
Indicador de logro y nivel de desempeño
4.2.7 (Medio): Revierte los resultados del análisis propio y ajeno de su actividad docente en la mejora sistemática.
4.2.9 (Avanzado): Integra y difunde los resultados de la reflexión sobre su práctica profesional.
Descriptor competencial 4.3 Investigación educativa e innovación
Indicador de logro y nivel de desempeño
4.3.6 (Medio): Practica la innovación educativa en su actividad docente de manera individual o coordinada.
4.3.9 (Avanzado): Dirige proyectos de investigación e innovación en el aula.
Descriptor competencial 4.4 Planificación y gestión del desarrollo profesional
Indicador de logro y nivel de desempeño
4.4.6 (Medio): Establece objetivos a corto, medio y largo plazo para alcanzar un desempeño profesional excelente.
4.4.7 (Avanzado): Revisa y actualiza su conocimiento y aptitudes profesionales de manera constante.
5. Competencia en organización escolar y colaboración
Descriptor competencial 5.1 Conocimiento de la normativa actualizada
Indicador de logro y nivel de desempeño
5.1.1 (Básico): Desempeña su labor docente aplicando la normativa vigente a nivel europeo, estatal y autonómico.
5.1.7 (Avanzado): Evalúa las implicaciones de la normativa vigente y propone mejoras.
Descriptor competencial 5.2 Gestión del centro y calidad
Indicador de logro y nivel de desempeño
5.2.1 (Básico): Comprende la configuración global del sistema educativo y los procesos asociados.
5.2.5 (Medio): Desarrolla su labor conforme a protocolos de calidad propios del centro.
5.2.10 (Avanzado): Evalúa los procedimientos, detectando posibles fallos y proponiendo mejoras.
Descriptor competencial 5.3 Diseño, coordinación y ejecución de propuestas
Indicador de logro y nivel de desempeño
5.3.4 (Medio): Participa activamente en proyectos del centro aportando propuestas de mejora.
5.3.7 (Avanzado): Coordina el desarrollo de proyectos nacionales y transnacionales.
Descriptor competencial 5.4 Trabajo en equipo

Indicador de logro y nivel de desempeño
5.4.1 (Básico): Mantiene una actitud favorable a la colaboración entre colegas.
5.4.6 (Medio): Adopta estrategias de trabajo colaborativo en su labor profesional.
Descriptor competencial 5.5 Liderado distribuido
Indicador de logro y nivel de desempeño
5.5.5 (Medio): Tiene la capacidad de comprometer a agentes y recursos competentes.
5.5.7. (Medio): Delega tareas y funciones según las necesidades del proyecto.
5.5.9 (Avanzado): Fomenta actividades y proyectos de relevancia en el campo educativo.
5.5.11 (Avanzado): Lidera la reflexión e innovación educativa siendo un modelo para la comunidad.

Tabla 4. Competencias profesionales docentes desarrolladas a través del uso de la radio en la escuela: área social.

COMPETENCIAS PROFESIONALES DOCENTES DESARROLLADAS A TRAVÉS DEL USO DE LA RADIO Y DE LOS PODCAST ESCOLARES
ÁREA SOCIAL
6. Competencia en salud, seguridad y bienestar
Descriptor competencial 6.1 Gestión y promoción del bienestar y desarrollo emocional
Indicadores de logro de cada descriptor y nivel de desempeño
6.1.4 (Medio): Promueve un clima escolar acomodado para el correcto desarrollo emocional y de bienestar.
6.1.6 (Medio): Identifica señales de alarma y aplica medidas básicas de prevención de situaciones de discriminación o violencia.
6.1.9 (Avanzado): Orienta y proporciona formación al profesorado en materia de bienestar emocional.
Descriptor competencial 6.2 Gestión y promoción del bienestar y desarrollo físico
Indicadores de logro de cada descriptor y nivel de desempeño
6.2.4 (Medio): Promueve un clima escolar para el correcto desarrollo físico y la protección integral de la salud.
6.2.6 (Medio): Identifica señales de alarma y aplica medidas básicas de prevención de conductas poco saludables.
6.2.9 (Avanzado): Orienta y proporciona formación al profesorado en materia de hábitos saludables.
Descriptor competencial 6.3 Gestión y promoción de la conservación y protección del bienestar en su entorno inmediato
Indicadores de logro de cada descriptor y nivel de desempeño
6.3.4 (Medio): Promueve un clima escolar de respeto y protección del entorno.
6.3.8 (Avanzado): Implementa medidas de prevención de actuaciones lesivas para el entorno.
6.3.9 (Avanzado): Diseña estructuras cooperativas para la conservación del medio.
Descriptor competencial 6.4 Detección y gestión de situaciones de riesgo
Indicadores de logro de cada descriptor y nivel de desempeño
6.4.4 (Medio): Incorpora medidas de autoprotección en la comunidad educativa.
6.4.6 (Medio): Aplica medidas diseñadas en el centro para la prevención y actuación en situaciones de riesgo.
6.4.7 (Avanzado): Diseña e implementa acciones para crear un entorno escolar seguro.

7. Competencia inclusiva, social y ciudadana
Descriptor competencial 7.1 Convivencia, mediación y resolución de conflictos
Indicadores de logro de cada descriptor y nivel de desempeño
7.1.6 (Medio): Integra buenas prácticas de convivencia en el aula.
7.1.7 (Avanzado): Lidera la implantación de programas para la mejora de la convivencia.
Descriptor competencial 7.2 Inclusión e igualdad
Indicadores de logro de cada descriptor y nivel de desempeño
7.2.6 (Medio): Integra estrategias básicas de inclusión adaptadas a las características del aula.
7.2.7 (Avanzado): Diseña estrategias metodológicas para atender a la diversidad.
7.2.10 (Avanzado): Evalúa la implementación de estrategias para una escuela inclusiva.
Descriptor competencial 7.3 Justicia social y valores
Indicadores de logro de cada descriptor y nivel de desempeño
7.3.5 (Medio): Implementa buenas prácticas que refuerzan el carácter compensatorio de la educación.
7.3.8 (Avanzado): Lidera la implantación de estrategias para la inclusión social.
7.3.12 (Avanzado): Implica a la comunidad en la creación de una escuela para todos/as.
Descriptor competencial 7.4 Conciencia y expresión cultural
7.4.4 (Medio): Emplea distintos materiales y técnicas para el enriquecimiento cultural.
7.4.7 (Avanzado): Desarrolla estrategias que promueven la interculturalidad.
7.4.9 (Avanzado): Evalúa el impacto de proyectos culturales en la comunidad educativa.
Descriptor competencial 7.6 Educación para el desarrollo sostenible
7.6.5 (Medio): Implementa prácticas que integran los ODS en el aula.
7.6.9 (Avanzado): Actúa como agente de cambio hacia el desarrollo sostenible.
7.6.11(Avanzado): Evalúa los desafíos de la educación para el desarrollo sostenible.

3. Contexto

El CPI Virxe da Cela es un centro educativo de titularidad pública que oferta las enseñanzas de la Ed. Infantil, de la Ed. Primaria y de la ESO. A nivel social, coexiste la dispersión poblacional con una escasa diversificación en la oferta de servicios, de propuestas de ocio y de transporte público, lo que supone una merma en las oportunidades relacionales para las nuevas generaciones que se dan principalmente en el contexto escolar.

El centro asienta su Proyecto educativo en los valores de cooperación y participación del conjunto de la comunidad educativa para la consecución de sus finalidades apoyándose en la Educación para el Desarrollo y la Ciudadana Global. Para sustentar esta propuesta de trabajo cuenta con un claustro formado por 29 docentes. La mayoría de estos profesionales participa en alguna de las iniciativas para la mejora de la calidad educativa en las que participa el centro.

En este sentido, el CPI Virxe da Cela lleva más de una década empleando la radio en sinergia con distintas materias y a través de diversos proyectos, por ejemplo, radio intergeneracional con los vecinos de la zona, radio desde el Complexo Hospitalario Universitario de A Coruña o en las explotaciones lácteas de la zona.

4. Metodología y muestra

El objetivo fundamental de esta investigación es conocer los elementos que hacen del *podcast* un recurso para el aprendizaje de calidad del alumnado al tiempo que puede impulsar las competencias profesionales docentes. Para ello, se ha optado por una investigación de corte cualitativo. Por un lado, como se puede comprobar en el segundo epígrafe, hemos realizado un análisis cualitativo de las competencias profesionales docentes partiendo del Marco de Competencias Profesionales Docentes de Galicia (Xunta de Galicia, 2023) con el fin de señalar las que tienen un mayor vínculo con la creación de *podcast* en el ámbito escolar.

Por otro lado, se ha realizado un análisis cualitativo de los datos obtenidos a través de los siguientes instrumentos: la observación participante, recogida en notas de campo y las entrevistas a profesorado y alumnado. La muestra de estas últimas la conforman 59 discentes de las etapas de la Ed, Primaria y Secundaria (anonimizados de B1 a B59) y por siete docentes implicadas en el proyecto (A1 a A7). Para abordar el estudio de la información recogida hemos seguido el proceso señalado por autores como Amado et al. (2004). Así, como primer paso, realizamos la reducción de los datos obtenidos a partir de la separación de unidades de registro y, posteriormente, nos centramos en la categorización y codificación, síntesis y agrupamiento..

5. Análisis cualitativo de datos

El desarrollo de una actividad continuada de radio en el CPI Virxe da Cela e integrada en el currículo escolar ha reportado una serie de beneficios para el aprendizaje del alumnado, pero también para el desarrollo profesional docente.

Si nos centramos en el alumnado, detectamos que las competencias que se han trabajado según la muestra participante son la vocalización, el trabajo en equipo, la expresión oral y escrita y la creatividad. Un trabajo con resultados significativos, ya que la mayoría afirma que ha tenido la oportunidad de aplicar estos aprendizajes en exposiciones orales y en casa.

Por su parte, el profesorado también ha constatado que el alumnado "ha mejorado la organización de las informaciones y la exposición de las mismas" (A5); que el uso de la radio "favorece capacidades curriculares como el desarrollo del lenguaje, la comprensión, la atención y la discriminación auditiva" (A4) y que ha servido para potenciar el trabajo en equipo, la comunicación "la lectura y la entonación" (A6). Esto confirma lo ya detectado en las notas de campo y en otros estudios como los de Núñez Fernández, et al. (2022); Nieto (2020) y Vila (2018).

Por otro lado, se detecta una gran motivación por parte del alumnado que hace que pierda la noción de que está aprendiendo. Algo que se evidencia en las notas de campo con referencias constantes a la ilusión mostrada en las tareas, pero también en la voz del profesorado, "El hecho de hacerlo en una situación diferente a la del aula habitual supone una motivación" (A5), y del propio alumnado: "es muy entretenido y así podemos entrevistar a gente, a los vecinos y familiares" (B12).

Además, las notas de campo son depositarias de un cambio actitudinal en el alumnado que, si inicialmente se sentía "muy nervioso y tímido", poco a poco fue ganando confianza hasta mostrarse, en términos generales, "con buena actitud ante el micrófono y con iniciativa ante las propuestas planteadas". Es algo que también refleja el profesorado en sus reflexiones, por ejemplo, A2 afirma que tienen "más seguridad en sí mismos, para hablar en público, expresar opiniones, les subió la autoestima y están más sueltos en las actividades de aula". Esta motivación y ganancia en autoestima está presente en investigaciones como la de Arias et al. (2008); Martín-Pena. et al. (2020) o Szyscko y Cataldi (2010).

Otras cuestiones que emergieron de la triangulación de los datos es la potenciación del trabajo grupal que, si en las notas de campo aparece reflejado como algo "complicado inicialmente al exigir la radio una coordinación de funciones y un reparto de responsabilidades", posteriormente se identifica "una evolución, el alumnado ha entendido que la radio necesita que el trabajo sea colaborativo para que salga adelante". También lo creen así las docentes, sirva la afirmación de A6 como ejemplo "más allá de mejorar la pronunciación y lograr potenciar la creatividad, la radio reforzó la capacidad de trabajar en equipo". Beneficios también destacados por autores como Romero (2015); Fantini; 2024; Rodero (2008); Goulart et al. (2024).

La radio se ha mostrado como una estrategia que integra los diferentes elementos del currículo y "ayuda y complementa cualquier materia" (A3), pero también aspectos como "la educación para el desarrollo, la educación en valores y la solidaridad" (A2). Al mismo tiempo, la producción de *podcast* desde distintas materias permitió establecer un puente más entre la escuela y la comunidad, ya que en los programas participaron familias, vecinos y vecinas, pero también asociaciones, personajes públicos, etc. Esta línea conecta con lo expresado por Kaplún (1999), Perona (2001) y Abarrategui y Pascual (2021).

La radio, o el podcast en su versión emergente, pese a su larga historia tiene gran vigencia ante los retos a los que se enfrenta el ámbito educativo. Entre ellos, la inclusión o la infoxicación. Los procesos que promueve llaman a la investigación, al contraste de la información y, como ya fue señalado por Merayo (2000) y Blanco et al. (2007), al pensamiento crítico.

Una vez expuesto el impacto que ha tenido el uso de la radio en el alumnado de este centro educativo, conviene añadir que para que la radio escolar sea exitosa necesitamos que la producción de *podcast* en las aulas opere como un ecosistema en el que se entrelacen las diferentes áreas profesionales docentes para que el alumnado emplee y amplie el conjunto de sus competencias para alcanzar aprendizajes significativos. (Tabla 2. Indicador de logro -IL-1.1.5, IL1.1.8; IL1.2.3; IL1.5.5, IL1.5.6; IL1.6.6).

Dentro de este ecosistema está el dominio de herramientas y recursos digitales para la creación, edición y difusión de contenidos (editores de sonido como *Audacity*, selección de efectos de sonido basados en la cultura libre -plataformas como Procomún, recursos de IA, entre otros- que facilitan la democratización de contenidos (Tabla 2. IL3.1.4) desde la creación de productos finales relevantes y significativos para la comunidad educativa. Estos, apoyados en un tratamiento efectivo de la seguridad y de la ética (privacidad, derechos de autoría, protección de datos, Netiqueta, difusión de contenidos, ...- (Tabla 2. Descriptor -D-3.6.; IL3.1.5; Tabla 3. IL5.1.1-).

Asimismo, empleándolas para optimizar tiempos y recursos que el profesorado puede utilizar para centrarse más en la vertiente pedagógica de las propuestas. Por ejemplo, para contar con tiempos para el diseño de situaciones de aprendizaje y para planificar metodologías activas (Tabla 2. D1.5, Tabla 3. D4.3) que cuenten con secuencias flexibles y adecuaciones curriculares acordes a las características del alumnado y de la realidad contextual (Tabla 2: D1.1.5, D1.2.3; IL1.1.8, IL1.5.6) convirtiendo la radio escolar en una tecnología emergente (Pereiro et al., 2016).

Empleando esta perspectiva, la radio escolar y la creación de *podcats* se convierten en un buen laboratorio para la generación de proyectos de investigación-acción ya que facilitan la reflexión crítica y la evaluación del impacto de las secuencias y de las producciones en el aprendizaje (Tabla 4: IL4.2.9, IL4.2.11, IL 4.3.9, IL4.4.10) por ejemplo, mediante la autoevaluación basada en evidencias o la difusión de buenas prácticas.

Al mismo tiempo, la radio escolar necesita habilidades de comunicación verbal y no verbal y de estrategias de mediación lingüística (Tabla 2. D2.3). En sus diálogos deben estar integrados los registros formales e informales (Tabla 2. IL 2.1.5) y el sentido estético (por ejemplo, con el empleo de efectos sonoros y recursos musicales) para generar emociones que refuercen el aprendizaje (Tabla 2. IL2.4.6).

Otro de sus puntos fuertes es su vertiente cooperativa, no solo entre el alumnado, sino que también favorece la colaboración entre la comunidad educativa (competencia en trabajo en equipo), precisando de un liderazgo distribuido (asignación de roles, coordinación entre agentes,) (Tabla 3. IL5.5.7) y, por lo tanto, de habilidades comunicativas. En definitiva, de competencias para la gestión de proyectos donde se incluye la planificación de contenidos alineados con el currículo (Tabla 3: IL5.3.4). Proyectos que necesitan de Competencias Sociales y Ciudadanía Activa desde una perspectiva saludable que facilite un clima escolar basado en el desarrollo emocional y en el bienestar (Cfr. Tabla 4: D.6.1, D.6.3) y al mismo tiempo, inclusiva DUA contando con variedad de formatos de acceso y tratamiento de la información y atendiendo a las diferentes formas de procesamiento de la misma (Tabla 4: IL7.2.6).

Además, sus propuestas pueden contar con enfoques transversales abordando temáticas como la interculturalidad, por ejemplo, partiendo de la perspectiva local (valoración identitaria: relación con el medio natural, identidad lingüística, entre otros) para entrelazarse con la dimensión global (Tabla 4: IL 7.4.7) desde una perspectiva de desarrollo sostenible (Tabla 4: IL7.6.5). Aquí, los agentes vinculados al tercer sector pueden aportar perspectivas de reflexión crítica de la realidad (Tabla 4: D.7.3; IL7.6.8) (Educación para la Ciudadanía Global en Digón-Regueiro, et al., 2019).

Teniendo en cuenta estas perspectivas, encontramos numerosas actuaciones educativas alrededor de la radio escolar que potencian un aprendizaje competencial, colaborativo y socialmente crítico (Veloso et al., 2023; Pereiro et al., 2022; Martín-Pena, et al., 2020; Domínguez, 2017; Pereiro, et al., 2016).

Para concretar, la evidencia empírica subraya que los proyectos mediáticos en las escuelas fomentan una cultura colaborativa (Kaplún, 2010) donde se generan espacios de diálogo horizontal (escuela social: Freire, 1974) y donde se favorece la autonomía escolar propiciando el

"(...) liderazgo en procesos de investigación e innovación" (Xunta de Galicia, 2023: p. 8) conectando el currículo con los objetivos de desarrollo sostenible (Xunta de Galicia, 2023: p. 49).

Al tiempo, González (2013) señala que los medios audiovisuales fomentan la alfabetización multimodal y Buckingham (2019) destaca su papel en la construcción de ciudadanía digital crítica. Concretamente, la radio escolar al integrar audio, textos y ciertos elementos visuales facilita que el alumnado desarrolle habilidades como la síntesis de la información, la comunicación efectiva (Chávez et al., 2016; García Tort et al., 2024) y promueve "(...) y la participación activa del alumnado (por ejemplo, mediante debates, procesos de reflexión compartida (Xunta de Galicia, 2023), asumiendo diferentes roles (producción, edición, locución, ...), etc.

En definitiva, la radio escolar además de ser un gran recurso para el aprendizaje del alumnado, es un catalizador del desarrollo profesional docente.

6. Conclusiones

En estas líneas se ha evidenciado cómo la radio y el *podcast,* además de ser recursos comunicativos, son una buena herramienta educativa. Cuentan con un consolidado potencial y a la vez, con una vigencia renovada en la era digital.

Por un lado, permiten el desarrollo competencial del alumnado y que cuente con aprendizajes significativos al apoyarse en el tratamiento integral de aspectos como la expresión oral y escrita, el trabajo colaborativo, la creatividad o el pensamiento crítico.

Al mismo tiempo, facilitan el desarrollo de Competencias Profesionales Docentes que nos derivan a un perfil profesional dinámico, reflexivo y adaptativo, que integra propuestas educativas en las que se entrelazan metodologías activas y proyectos interdisciplinares que conectan escuela y sociedad, facilitando la mejora de la calidad educativa y su adecuación a las necesidades del alumnado y de la sociedad actual.

En definitiva, se identifica como la producción radiofónica en el ámbito escolar necesita y potencia las competencias pedagógicas (implementación de situaciones de aprendizaje inclusivas, evaluación formativa), comunicativas (códigos verbales y no verbales, mediación intercultural), digitales (producciones éticas y críticas) y sociales (inclusión, sostenibilidad y ciudadanía activa). Hablamos de profesionales docentes que indagan, reflexionan, desarrollan y evalúan desde parámetros de calidad y que necesitan renovar sus competencias profesionales a partir de una formación de calidad.

Esta base permite señalar que dar valor e incorporar la producción radiofónica a los procesos educativos y formativos del profesorado tiene un gran potencial para desarrollar las competencias del alumnado y de profesorado. Hablamos de un espacio de innovación educativa donde se entrelazan tradición y modernidad y la exigencia curricular y el compromiso social para educar en y para la vida.

7. Referencias bibliográficas

Abarrategui, L. (2019). "Radio escolar: estudio evaluativo de una experiencia intergeneracional". *Anuario Electrónico de Estudios en Comunicación Social Disertaciones, 12*(2), 32–49.

Abarrategui, L., y Pascual, S. (2021). *Guía metodolóxica RTV Enxebre. Manual para profesorado.* https://ayudaenaccion.org/ong/wp-content/uploads/2021/07/Guia-RTV_ENXEBRE_v02_versio%CC%81n-corporativa.pdf.

Abarrategui, L. (2022). *A radio como recurso para a promoción da educación interxeracional, o avellentamento activo e a inclusión sociocomunitaria* [Tesis doctoral, Universidade de Santiago de Compostela].

Amado, J., Costa, A., y Crusoé, N. (2014). A técnica da análise de conteúdo. En J. Amado (Coord.), *Manual de investigação qualitativa em educação* (pp. 301–355). Imprensa da Universidade de Coimbra.

Arias, E., Gómez, S., y Rubio, B. (2008). "La radio como herramienta de aprendizaje: Miradas, una experiencia de radio intergeneracional". *Papeles Salmantinos de Educación, 10*, 101–113.

Blanco, E., Gómez, B., y Paniagua, F. (2007). *La utilización de la radio como herramienta didáctica*. FISEC Estrategias, Año III (6), 35-50. https://tinyurl.com/27dyvel8. Recuperado el 6 de febrero de 2025.

Buckingham, D. (2003). *Media education: Literacy, Learning and Contemporary Culture*. Polity.

Carias, F., Hernando, A., y Marín-Gutiérrez, I. (2021). Uso educativo de la radio en tiempos de pandemia en escuelas rurales chilenas. *Chasqui. Revista Latinoamericana de Comunicación*, (146), 59-76.

Catalán, G. (2015). La radio escolar digital y su aporte al aprendizaje en la asignatura de Lenguaje y Comunicación en el contexto educativo chileno. *Comunicación y Medios*, (32), 101–117. https://doi.org/10.5354/rcm.v0i32.36120.

Chávez, F. H., Cantú, M., y Rodríguez, C. M. (2016). Competencias digitales y tratamiento de información desde la mirada infantil. *Revista electrónica de investigación educativa*, *18*(1), 209-220. 2025.

Digón-Regueiro, P., Pazos, V. L., y Abarrategui, L. A. (2019). La educomunicación en proyectos de educación para el desarrollo y la ciudadanía global. En R. DePalma (Coord.), *La educación para el desarrollo y la ciudadanía global: una experiencia de investigación-acción participativa* (pp. 217-232). Graó.

Domínguez, N. J. (2017). Málaga. Proyecto RadioEscuela. Investigar, expresarse y aprender a través de las ondas. *Aularia: Revista Digital de Comunicación*, 6(1), 35-40.

Fantini, E. (2024). Podcasting for interdisciplinary education: Active listening, negotiation, reflexivity, and communication skills. *Humanities and Social Sciences Communications*, 11, 1583. https://doi.org/10.1057/s41599-024-04119-6

Freire, P. (1974). *Educación para el cambio social*. Tierra.

García Tort, E., Sánchez Cruz, M., Gabarda Méndez, V. y Gallardo Fernández, I. M. (2024). Competencia digital docente como herramienta para mejorar la inclusión educativa. En B. Berral, J. A. Martínez, C. R., Fernández y J. J. Victoria (Coords.), *Investigación para la mejora de las prácticas educativas desde una perspectiva holística* (pp. 4757-4768). Dykinson.

González, J. (2013). Alfabetización multimodal: usos y posibilidades. *Campo Abierto. Revista de Educación*, 32(1), 91-116.

Herrera, S. (2003). Rasgos diferenciales de la radio como medio de participación. *Revista de Comunicación*, 1, 25–40.

Kaplún, M. (1999). *Producción de programas de radio: El guión–la realización.* Ediciones CIESPAL.

Martín-Pena, D., Parejo Cuellar, M., y Vivas Moreno, A. (2020). Irrupción de radio y divulgación en el aula para promover las vocaciones científicas en primaria. *Revista Eureka sobre Enseñanza y Divulgación de las Ciencias,* 17(3), 3205. https://revistas.uca.es/index.php/eureka/article/view/5867/6608

Ministerio de Educación, Formación Profesional y Deportes, y Fundación COPE. (2024). *Radio Escolar en España.* https://intef.es/wp-content/uploads/2024/09/Informe_de_Radio_Escolar.pdf.

Merayo, A. (2000). Identidad, sentido y uso de la radio educativa. En G. Pastor, M. R. Pinto y A. L., Echeverri (Coords.), *III Congreso Internacional Cultura y Medios de Comunicación* (pp. 387–404). Universidad Pontificia de Salamanca.

Mehri, M. I. (2015). Factors influencing higher education students to adopt podcast: An empirical study. *Computers y Education,* 83, 32–43. https://doi.org/10.1016/j.compedu.2014.12.008

Nieto, H. Y. (2020). La emisora escolar: estrategia didáctica para desarrollar competencias comunicativas de lectura y escritura en estudiantes de básica primaria. *Revista Papeles,* 12(23), 98–111.

Núñez, V., Aceituno-Aceituno, P., Lanza, D., y Sánchez, A. (2022). La radio escolar como recurso para el desarrollo de la competencia mediática. *Estudios sobre el Mensaje Periodístico,* 28(1), 179-190. https://doi.org/10.5209/esmp.77511

Pereiro, M. C. G., y Páramo, M. B. I. (2016). Tecnologías tradicionales y emergentes al servicio del prácticum en el grado de educación primaria: una propuesta de intervención educativa. *Tendencias Pedagógicas,* 28. https://doi.org/10.15366/tp2016.28.007

Pereiro, M. C. G., Pascual, S. E., Vidal, D. G., y Espiñeira, C. L. (2022). O podcast do Camiño: educación patrimonial a través de la radio. *Aula de innovación educativa, 316,* 57–60.

Perona, J. J. (2001). Radio escolar en Internet: un proyecto pedagógico para la Era digital. *Red Digital. Revista de Tecnologías de la Información y Comunicación Educativas,* 1. https://tinyurl.com/2azjxxrl.

Rodero, E. (2008). La radio: un medio para la imaginación. *Signo y Pensamiento,* 27(52), 97–109.

Romero, M. (2015). Posibilidades de la radio escolar como medio para dinamizar el currículo. *Opción, 31*(2), 962–971.

Szyszko, N., y Cataldi, Z. (2010). La radio en la escuela media como agente participativo. *Quaderns Digitals: Revista de Nuevas Tecnologías y Sociedad*, 1–15.

Veloso, S. T., Rapela, X. F., Feijoo, X. R., y Álvarez, M. J. (2023). "Ponte... nas Ondas, modelo de buenas prácticas con el patrimonio cultural inmaterial". *Aula de innovación educativa, 331*, 54–58.

Vila, M. (2018). La radio como herramienta para mejorar la expresión oral del alumnado en la enseñanza secundaria. *Revista de Educación de la Universidad de Granada, 25*, 149–166. https://doi.org/10.30827/reugra.v25i0.110

Villamizar, G. (2002). De la escuela en la radio a la radio en la escuela. *Sapiens. Revista Universitaria de Investigación, 3*(1), 0.

Xunta de Galicia. (2023). *Marco de Competencias Profesionales Docentes.* https://tinyurl.com/22segyr7.

Herramientas para la creación de recursos evaluativos digitales: análisis para la toma de decisiones del docente

Sandra Navarro Sánchez
Melanie Sánchez Cruz
Laura Villar Varea
Diana Marín Suelves
Universitat de València

1. Introducción

Es evidente que la digitalización de la sociedad ha influido en todos los aspectos de la vida, y la educación no es una excepción. En el contexto educativo, las Tecnologías de la Información y la Comunicación (TIC) están cada vez más presentes, actualizando diversos procedimientos y métodos de enseñanza gracias a múltiples avances y transformando otros, tanto a nivel metodológico como organizativo (Colomo et al., 2018).

Se han modificado las estrategias de enseñanza y aprendizaje, así como las aptitudes y competencias que las nuevas generaciones necesitan para desarrollarse en la sociedad y adaptarse a los continuos cambios que se están produciendo. De esta forma, las TIC han permitido que el aprendizaje se extrapole más allá del contexto educativo, creando entornos donde la información es inmediatamente accesible y el conocimiento se construye de forma colaborativa. No tener en cuenta esta realidad en los procesos educativos significaría no estar en sintonía con un mundo donde las tecnologías digitales están siempre presentes y son esenciales en todos los aspectos de la vida cotidiana, así como en el trabajo y la participación de la ciudadanía (Heredia y Colomo, 2024). Es por este motivo que la educación tiene el compromiso de preparar y enseñar al alumnado para desenvolverse en un contexto cada vez más tecnológico y digitalizado, donde no solo se les enseñan los diferentes saberes, sino también las habilidades digitales que les permita adaptarse y evolucionar en la sociedad contemporánea (Pinto-Santos et al., 2023). Por todas estas cuestiones, la educación no puede mantenerse al margen ni menospreciar el papel de las TIC en los diferentes ámbitos educativos, tanto formales como no formales, prestando una especial atención a la etapa de Educación Secundaria Obligatoria, donde el alumnado se encuentra en un nivel de desarrollo psicoevolutivo óptimo que influye en su proceso de construcción de identidad y autoconocimiento.

Además, en una sociedad como la actual, donde el acceso a la información y el uso de materiales digitales son fundamentales (Cabero et al., 2021), el profesorado de secundaria también debe adaptarse y guiar hacia un uso tanto crítico como eficaz de estas tecnologías, lo que lleva también a la gamificación de las clases como metodología que convierta al alumnado en un agente activo en el proceso de enseñanza y aprendizaje. Por tanto, el rol del docente en el siglo XXI ya no se limita a la transmisión de conocimientos, sino que además incluye la facilitación del aprendizaje activo y autónomo, permitiendo al alumnado adquirir habilidades como la búsqueda de información fiable y contrastada, la comunicación en entornos digitales o la capacidad de colaborar en proyectos en línea.

Gracias a las TIC, el profesorado también puede utilizar plataformas educativas, recursos interactivos y digitales y herramientas colaborativas que aumenten el alcance y la operatividad de sus métodos de enseñanza (Guillén-Gámez et al., 2021). Sin embargo, esta digitalización de la sociedad implica que el profesorado también debe no solo formarse sino también actualizarse constantemente, a través de la adquisición de competencias digitales, pedagógicas y metodológicas que le permitan mantenerse al día con las innovaciones tecnológicas y aplicarlas eficientemente en el aula.

Así, la educación secundaria del siglo XXI, impulsada por el desarrollo de las TIC, busca formar ciudadanos que sean digitalmente competentes y autónomos, capaces de adaptarse al mismo tiempo a los cambios tecnológicos (Marín et al., 2021), con docentes que no solo dominen los saberes y competencias, sino que también guíen el desarrollo holístico y digital de su alumnado (Gil y Petry, 2016).

Como consecuencia, el Ministerio de Educación y Formación Profesional y las Comunidades Autónomas elaboraron, durante 2021, un nuevo marco de referencia de la competencia digital docente (MRCDD). El nuevo marco de referencia se basa en el marco europeo de competencia digital de los educadores (DigCompEdu) y desarrolla las competencias digitales específicas requeridas para el ejercicio de la profesión en todas las enseñanzas recogidas en la Ley Orgánica 2/2006, de 3 de mayo, de Educación modificada por la Ley Orgánica 3/2020, de 29 de diciembre, tomando como referencia las funciones docentes establecidas en su Artículo 91. Este proceso supuso la creación de seis niveles diferentes que se certifican entre el A1 y el C2 en función de la formación recibida y de la experiencia en tecnología y digitalización. Como consecuencia, el nuevo MRCDD establece 6 áreas que incluyen un total de 23 competencias. Dichas áreas son (INTEF. Competencia Digital Docente, s.f):

· Compromiso profesional

· Contenidos digitales

· Enseñanza y aprendizaje

· Evaluación y retroalimentación

· Empoderamiento del alumnado

· Desarrollo de la competencia digital del alumnado

Figura 1. *Marco de Referencia de la Competencia Digital Docente*

Fuente: https://intef.es/competencia-digital-educativa/competencia-digital-docente/

En este contexto, el empleo de diferentes *softwares* que permitan la creación de contenido digital, como Kahoot!, Socrative, Quizizz, Edpuzzle, Padlet, Plickers, Live Worksheets y Mentimeter adquiere especial importancia, puesto que facilita el diseño y desarrollo de materiales y recursos didácticos que son vigorosos y visualmente atractivos y que se caracterizan por ser dinámicos y disponer de contenido multimedia (Putra y Afrina, 2023). A estos aspectos hay que incluir la accesibilidad a dichos recursos, puesto que cualquier docente o alumnado, independientemente de sus habilidades y recursos económicos (existen versiones gratuitas con ciertas limitaciones si se compara con el acceso premium), puede aprovechar las posibilidades pedagógicas proporcionan estas aplicaciones.

De esta manera, los docentes deben convertirse en expertos en saberes pedagógicos digitales y herramientas y recursos tecnológicos que les ayuden a integrar las innovaciones pedagógicas en su metodología a través de una perspectiva didáctica y tecnológica. De esta forma se potencia el acceso a la información y la comunicación que proporciona la tecnología pudiendo elaborar un método de enseñanza y aprendizaje innovador que incluya las competencias digitales y la creación de contenido digital que facilite el aprendizaje autónomo del alumnado (Ferrando-Rodríguez et al., 2025).

Gracias a las posibilidades que ofrecen dichos *softwares*, los docentes encuentran instrumentos que son intuitivos (Pedroso et al., 2023), con múltiples posibilidades para modificar y adaptarse a la realidad de cada grupo clase y que, además, con la incorporación de la Inteligencia Artificial, han incrementado enormemente sus recursos, diseños y posibilidades.

La finalidad es ayudar al profesorado a diseñar diferentes recursos pedagógicos personalizados e interactivos (Hernández-Castellano et al., 2020), que además ofrezca material adaptado a las necesidades concretas del alumnado. A todo ello hay que añadir las posibilidades metodológicas que ofrecen los diferentes recursos, que se convierten de esta manera en un apoyo para llevar a cabo un proceso de enseñanza y aprendizaje gamificado (Jiménez et al., 2020), proporcionando recursos interactivos (URL, códigos QR, etc.), lo que promueve un aprendizaje activo. Con estas herramientas, se facilita la comprensión de los saberes por parte del alumnado (García, 2020), quienes serán capaces de incorporar nueva información a través de múltiples formas de acción y de representación, cuya metodología ayuda a promover diferentes procesos cognitivos en el alumnado mejorando así el proceso de enseñanza y aprendizaje (Akgün et al., 2016).

De esta manera, las herramientas de creación de contenido digital se han erigido como un recurso indispensable para el cambio metodológico y pedagógico, que permite la transición del empleo de metodologías tradicionales a prácticas más visuales, dinámicas e interactivas, que no solo favorecen el desarrollo de habilidades del alumnado, sino que también lo convierten en un protagonista activo del siglo XXI que adapta la realidad a sus necesidades particulares (Ballester et al., 2025).

Entre las diferentes habilidades digitales, donde los docentes encuentran los mayores obstáculos es en la creación de contenido multimedia (Diz-Otero et al., 2022). Esta dificultad que se suma a la falta de conocimientos sobre el uso de herramientas educativas para el diseño de materiales y recursos para el aprendizaje supone una dificultad para el desarrollo de la competencia digital de los docentes del siglo XXI (Drotner, 2020). La necesidad de incidir en el aprendizaje de dichas habilidades se relaciona directamente con la calidad de la educación puesto que al aumentar el potencial de los recursos también aumentará el potencial del proceso de aprendizaje del alumnado. Por este motivo, conocer las posibilidades que brindan las diferentes herramientas digitales para la creación de contenido puede tener un impacto positivo en la calidad de la educación (Marimon et al., 2022).

Desde esta perspectiva, la finalidad de este estudio es analizar las características técnicas y pedagógicas de ocho herramientas de creación de contenidos (Kahoot!, Socrative, Quizizz, Edpuzzle, Padlet, Plickers, Live Worksheets y Mentimeter).

1. Resultados

El análisis de Debilidades, Amenazas, Fortalezas y Oportunidades (DAFO) permite evaluar las características internas y externas, positivas y negativas, de las diferentes herramientas de evaluación.

A continuación, se presenta un análisis DAFO individual de las ocho herramientas seleccionadas: Kahoot!, Socrative, Quizizz, Edpuzzle, Padlet, Plickers, Live Worksheets y Mentimeter, para favorecer la toma de decisiones del profesorado respecto a qué herramienta seleccionar a la hora de crear sus recursos evaluativos.

En primer lugar, Kahoot! es una plataforma de acceso gratuito que permite crear de forma sencilla e intuitiva cuestionarios interactivos de evaluación. A través de un código, los estudiantes pueden ingresar en una sala donde se encuentran las propuestas diseñadas por el docente.

Con una cuenta atrás se presentan las preguntas que van acompañadas de 4 posibles respuestas. Cada una de ellas se presenta con un color, una letra y una forma geométrica. El alumnado se irá posicionando en un ranking final cuyo resultado dependerá de las respuestas acertadas y del tiempo que se ha tardado en contestar. En la Figura 2 se muestra el análisis DAFO de la herramienta Kahoot!

Figura 2. *Análisis DAFO herramienta Kahoot!*

Debilidades
Posibilidades de pregunta limitadas: respuesta múltiple.
Necesidad de internet.

Amenazas
Aumento del número de herramientas.

Fortalezas
Interactividad.
Motivación.
Facilidad de uso.
Intuitiva.
Creación rápida y sencilla de recursos.
Multidispositivo.
Ubicuidad.

Oportunidades
Ampliación de funciones.
Impacto de la gamificación.

Por otro lado, Padlet (Figura 3) es una herramienta muy potente para trabajar de manera colaborativa dentro y fuera del aula ya que permite organizar a través de varias representaciones (muro, mapa mental, blog...) tareas o trabajos individuales o en grupo. Tiene una interfaz muy visual a modo agenda que ofrece la posibilidad de consultar, modificar o aportar información en "muros" propios o de otros usuarios. Es una buena opción para organizar, de una forma rápida y ordenada, trabajos que impliquen búsquedas de información, investigaciones, creaciones de productos finales o tareas en las que se necesite comunicación tanto entre el alumnado como con el propio docente.

Figura 3. *Análisis DAFO herramienta Padlet*

Debilidades	Amenazas
Necesidad de organización previa. Suscripción para funcionalidades avanzadas.	Saturación del mercado. Similitud con otras herramientas. Herramientas con más funcionalidades. Alternativas más económicas.

Fortalezas	Oportunidades
Flexibilidad. Creatividad. Creación de murales con texto, vídeo, imagen o enlaces. Fomenta la colaboración. Posibilita el trabajo en equipo. Fácil uso. Personalización. Motivador.	Uso en clase para el aprendizaje colaborativo. Posibilidad de integración en otras plataformas.

La herramienta Plickers es una aplicación que permite evaluar al alumnado de forma automática. Lo singular de Plickers es que para contestar al cuestionario diseñado por el docente no se necesita un dispositivo, sino un código impreso. Cada estudiante gira su código situándolo en una posición determinada según la respuesta escogida (A, B, C o D). El dispositivo del docente, por medio de la cámara, va leyendo los códigos y recogiendo los resultados. Con ellos, se puede ver la opción elegida por cada estudiante, así como acceder a las gráficas de clase que la misma *app* genera de manera automática. A continuación, se muestra el análisis DAFO de Plickers (Figura 4).

Socrative es un sitio web educativo que facilita la interacción entre docentes y estudiantes mediante el uso de dispositivos durante el proceso de enseñanza-aprendizaje. Este servicio es gratuito, y el profesorado puede registrarse a través de una cuenta personal. La finalidad de esta herramienta digital es motivar al alumnado a interactuar en el aula contestando ejercicios desde sus dispositivos, durante las clases, ingresan a Socrative.com y responden las tareas asignadas por los docentes. Mientras tanto, el profesor puede monitorear el avance tanto individual como colectivo de manera instantánea y al final recibe un informe estadístico con los resultados en formato Excel, donde se indica el porcentaje de aciertos de los participantes. A continuación, se muestra un análisis DAFO del recurso (Figura 5).

Figura 4. *Análisis DAFO herramienta Plickers*

Debilidades	Amenazas
Necesidad de un dispositivo lector. Funcionalidades limitadas.	Preferencia de otras herramientas. Expectativas cambiantes.

Fortalezas	Oportunidades
Simplicidad. Tiempo real. No requiere dispositivos tecnológicos de uso individual. Respuestas instantáneas.	Retroalimentación directa e instantánea.

Figura 5. *Análisis DAFO herramienta Socrative*

Debilidades	Amenazas
Interfaz poco atractiva. Menos motivante para el alumnado.	Menos lúdico. Menos popular. Menos visual.

Fortalezas	Oportunidades
Diferentes tipos de preguntas: abiertas, V/F... Resultados en tiempo real. Funcionalidad.	Posibilidad de integración en plataformas. Evaluación continua.

La herramienta Quizizz es un recurso *online* de acceso libre y gratuito en el que el profesorado se puede registrar mediante una cuenta Google y al igual que ocurre en Kahoot el alumnado solo ha de introducir el pin del juego para unirse a través de la página web, pero a diferencia de este no han de mirar el proyector o la pizarra para contestar a las preguntas, sino que estas están disponibles en el dispositivo del alumnado. Permite crear cuestionario de diversas tipologías y pueden ser respondidos en tiempo real. A diferencia de Kahoot se pueden incluir imágenes en las respuestas, para adaptarse a las necesidades, permite generar retroalimentación instantánea, se puede seleccionar la opción donde el tiempo de respuesta no valga puntos, ordenar los cuestionarios en colecciones y genera informes muy completos que pueden ser enviados al alumnado o a los familiares en formato PDF, para que sean conscientes de las áreas a mejorar. A continuación, se muestra un análisis DAFO del recurso (Figura 6).

Figura 6. *Análisis DAFO herramienta Quizizz*

Debilidades	**Amenazas**
Menor interacción en tiempo real. No permite seguir la dinámica de la clase. Requiere acceso a internet.	Existencia de otras herramientas con características más atractivas. Aumento notable de herramientas. Dependencia de internet y dispositivos.
Fortalezas	**Oportunidades**
Motivación. Gamificación: puntos y recompensas. Flexibilidad. Personalización.	Creciente interés por los entornos gamificados. Posibles funcionalidades nuevas. Análisis de datos más profundos. Personalización a partir de los datos. Adopción en entornos académicos amplios.

Edpuzzle es una plataforma digital que facilita la personalización de vídeos, ya sean creados por el usuario u obtenidos de internet, para ajustarlos a las necesidades pedagógicas del alumnado. Esta herramienta interactiva permite seleccionar material audiovisual educativo, modificar los vídeos atendiendo a las necesidades del aula, asignar las grabaciones al alumnado y evaluar la comprensión mediante cuestionarios integrados durante la reproducción. De este modo, los docentes pueden garantizar que los alumnos no solo visualicen el contenido, sino que también lo integren (Figura 7).

Figura 7. *Análisis DAFO herramienta Edpuzzle*

Debilidades
Baja interactividad.
Dependencia de vídeos.
Inversión de tiempo para la creación.

Amenazas
Aumento en la cantidad de herramientas.
Modelo basado en vídeos, frente a formatos más sencillos.

Fortalezas
Creación de lecciones interactivas a partir de vídeos.
Integra cuestionarios.
Permite el seguimiento del progreso.
Interfaz intuitiva y accesible

Oportunidades
Herramienta para el aprendizaje autónomo en educación a distancia o híbrido.

Live Worksheets es una plataforma gratuita que permite a los docentes convertir sus fichas imprimibles tradicionales en hojas de ejercicios interactivas y autocorregibles, lo que facilita la distribución del tiempo y reduce el uso de papel. Además de las actividades clásicas, como emparejar conceptos, completar espacios en blanco o seleccionar la opción correcta, se puede incorporar recursos interactivos como vídeos o ejercicios orales que integran el uso del micrófono. También se pueden utilizar fichas creadas por otros docentes tras registrarse. En la Figura 8 se puede observar el análisis de este recurso.

Figura 8. *Análisis DAFO herramienta Live Worksheets*

Debilidades	**Amenazas**
Limitaciones de formato. Depende del acceso a internet. Requiere tiempo para familiarizarse con las funcionalidades.	Aparición de nuevas herramientas con las que competir. Cambios en las políticas educativas.

Fortalezas	**Oportunidades**
Interactividad. Participación activa. Fácil uso. Interfaz intuitiva. No es necesaria formación avanzada. Permite la personalización. Permite ajustar el nivel de dificultad. Acceso con cualquier dispositivo con conexión a internet.	Creciente demanda de herramientas digitales. Aumento del número de usuarios potenciales. Aumento del uso en las aulas. Creación de nuevas funcionalidades.

Mentimeter es una herramienta de carácter gratuito que permite realizar encuestas, cuestionarios, nubes de palabras y juegos interactivos en tiempo real. Los resultados de las encuestas se actualizan en una diapositiva dedicada a los resultados, lo que permite al profesorado visualizar de forma inmediata las respuestas del alumnado. A continuación, se puede observar un análisis más profundo de este recurso (Figura 9).

Figura 9. *Análisis herramienta Mentimeter*

Debilidades
Versión gratuita con funcionalidades muy limitadas. Tiempo necesario para familiarizarse con la herramienta y sus funciones. Requiere conexión a internet.

Amenazas
Existencia de otras herramientas. Necesidad de actualización para no quedar obsoleta en un mundo en constante cambio tecnológico.

Fortalezas
Datos en tiempo real. Respuestas en vivo. *Feedback* inmediato. Diversidad de preguntas y formatos. Presentación visual y atractiva.

Oportunidades
Creciente uso de tecnología en las aulas. Desarrollo de nuevas formas de interacción. Usos en ámbitos no educativos.

Conclusiones

Una vez analizados los diversos recursos cabe destacar que Kahoot! tiene un diseño muy atractivo para el alumnado, ya que está diseñada para fomentar su participación en el aprendizaje a través del juego. Resulta muy útil para activar conocimientos previos, para reforzar contenido de forma lúdica, así como para hacer partícipe al alumnado en dinámicas de tutoría o proyectos interdisciplinares. Padlet puede ser una herramienta interesante para fomentar el trabajo colaborativo, así como promueve el respeto de los diversos ritmos de aprendizaje, ya que el alumnado puede seleccionar su itinerario y este se puede personalizar. Plickers resulta útil para llevar a cabo evaluaciones iniciales, repasar contenidos, analizar resultados durante la evaluación formativa o realizar encuestas. Se trata de un recurso que facilita la obtención de información relevante en el proceso de evaluación. Quizizz presenta características similares a Kahoot, sin embargo, dispone de mejores características de accesibilidad, permite el *feedback* visual, incorporar imágenes en las respuestas y comparte las preguntas y opciones de respuesta en la pantalla del alumnado, aspecto que promueve la atención sostenida. Edpuzzle y Live Worksheets pueden resultar útil a nivel motivacional ya que permiten hacer uso de materiales en diversos formatos, característica que puede derivar en la construcción de conocimientos más complejos. Mientras que Mentimeter permite conocer la opinión del alumnado en tiempo real, analizar los conocimientos previos del alumnado a través de la lluvia de ideas, promover la participación del alumnado más introvertido a través de preguntas anonimizadas e incluso fomenta el aprendizaje colaborativo. En definitiva, como afirman Putra y Afrina (2023) el uso de software cobra especial relevancia, ya que facilita el diseño y la creación de materiales y recursos didácticos que destacan por su dinamismo, atractivo visual y la incorporación de contenido multimedia, lo que enriquece significativamente el proceso de enseñanza-aprendizaje.

Referencias bibliográficas

Akgün, Ö. E., Babur, A., & Albayrak, E. (2016). Effects of lectures with Powerpoint or Prezi presentations on cognitive load, recall, and conceptual learning. *International Online Journal of Educational Sciences, 8*(3), 1-11.

Ballester, A., Ferrando, M.L., Colomo, E., & Gabada, V. (2025). Assessment of tools for the creation of didactic materials: Canva, Genially and Prezi. En J. Rodriguez, D. Marín y A.L. Sanabria (Eds.), *Evaluation of digital tools and resources* (pp. 1-12). McGraw Hill.

Cabero, J., Guillen, F. D., Ruiz, J., & Palacios, A. (2021). Classification models in the digital competence of higher education teachers based on the DigCompEdu Framework: logistic regression and segment tree. *Journal of e-Learning and Knowledge Society, 17*(1), 49-61. https://doi.org/10.20368/1971-8829/1135472

Colomo, E., Gabarda, V., & Rodríguez, A. (2018). Metodologías didácticas en formación en línea: el caso de la Universidad Internacional de Valencia. Innoeduca. *International Journal of Technology and Educational Innovation, 4*(2), 99-105. https://doi.org/10.24310/innoeduca.2018.v4i2.4963

Diz-Otero, M., Portela-Pino, I., Domínguez-Lloria, S., & Pino-Juste, M. (2022). Digital competence in secondary education teachers during the CO-

VID-19-derived pandemic: comparative analysis. *Education + Training,* *65*(2), 181-192. https://doi.org/10.1108/et-01-2022-0001

Drotner, K. (2020). Children's digital content creation: Towards a processual understanding of media production among Danish children. *Journal of Children and Media, 14*(2), 221-236. https://doi.org/10.1080/17482798.2019.1701056

Ferrando-Rodríguez, M. L., Marín-Suelves, D., Gabarda Méndez, V., & Ramón-Llin Más, J. (2025). Digital competence and content creation at University: influence of ownership and region. *RIED-Revista Iberoamericana de Educación a Distancia, 28*(1). https://doi.org/10.5944/ried.28.1.41475

García, D. G. (2020). WordPress y Canva como herramientas TIC para la enseñanza de las pandemias en la Historia en el aula de secundaria. *Majorensis: Revista Electrónica de Ciencia y Tecnología,* (16), 20-30.

Gil, J., & Petry, P. (2016). Promoting digital competence in secondary education: are schools there? Insights from a case study. *Journal of New Approaches in Educational Research, 5,* 57-63. https://doi.org/10.7821/NAER.2016.1.157

Guillén-Gámez, F., Mayorga-Fernández, M., Bravo-Agapito, J., & Escribano-Ortiz, D. (2021). Analysis of Teachers' Pedagogical Digital Competence: Identification of Factors Predicting Their Acquisition. *Technology, Knowledge and Learning, 26,* 481-498. https://doi.org/10.1007/s10758-019-09432-7

Heredia-Ponce, H., & Colomo-Magaña, E. (2024). Nota introductoria. *Revista Lusófona de Educação, 61,* 69-73. https://doi.org/10.24140/issn.1645-7250.rle61.04

Hernández-Castellano, P., Martínez-Rivero, M., Marrero-Alemán, M., Suárez-García, L., & Gutiérrez-Barcenilla, A. (2020). Open Education through Interactive Training Material. *Sustainability, 12*(18), 7645. https://doi.org/10.3390/su12187645

Intef. Competencia digital educativa. (s.f). *Competencia digital docente.* https://intef.es/competencia-digital-educativa/competencia-digital-docente/

Jiménez, C., Arís, N., Magreñán Ruiz, Á. A., & Orcos, L. (2020). Digital escape room, using Genially and a breakout to learn algebra at secondary education level in Spain. *Education Sciences, 10*(10), 271. https://doi.org/10.3390/educsci10100271

Marimon, M., Cabero, J., Castañeda, L., Coll, C., De Oliveira, J., & Rodríguez, M. (2022). Construir el conocimiento en la era digital: retos y reflexiones. *Revista de Educación a Distancia (RED), 22*(69). https://doi.org/10.6018/red.505661

Marín, D., Cuevas, N., & Gabarda, V. (2021). Competencia digital ciudadana: análisis de tendencias en el ámbito educativo. *RIED-Revista Iberoamericana de Educación a Distancia, 24*(2), 329-349. https://doi.org/10.5944/ried.24.2.30006

Pedroso, J. E. P., Sulleza, R. V. S., Francisco, K. H. M. C., Noman, A. J. O., & Martínez, C. A. V. (2023). Students' Views on Using Canva as an All-In-One Tool for Creativity and Collaboration. *Journal of Digital Learning and Distance Education, 2*(2), 443-461.

Pinto-Santos, A. R., Pérez-Garcias, A., & Darder-Mesquida, A. (2023). Formación en competencia digital docente: validación funcional del modelo TEP. *Innoeduca. International Journal of Technology and Educational Innovation,* 9(1), 39-52. https://doi.org/10.24310/innoeduca.2023.v9i1.15191

Putra, L. D., & Afrina, N. (2023). The development of Genially-based interactive learning multimedia for elementary school students. *Jurnal Fundadikdas (Fundamental Pendidikan Dasar),* 6(2), 138-151. https://doi.org/10.12928/fundadikdas.v6i2.8413

Uso de píldoras formativas como apoyo en la formación continua de profesorado universitario

Mónica del Campo Viu
Lourdes Ferrando-Rodríguez
Universitat de València y Universidad Internacional de Valencia

> *"Cada vez, los profesores tenderemos a ser más diseñadores de recursos, por eso se nos dice gestores del proceso de aprendizaje"*
>
> (Zabalza, 2005, p.103)

1. Introducción

En una sociedad cada vez más digitalizada donde la tecnología va más allá de las fronteras modificando culturas e identidades (Castells, 2006), la formación permanente de la ciudadanía en general y la del profesorado del siglo XXI en particular, son una necesidad, un imperativo.

Y es que una cultura del aprendizaje permanente es fundamental para garantizar que todas las personas tengan los conocimientos, capacidades y las competencias que necesitan para prosperar en la sociedad, en el mercado de trabajo y en su vida personal. Es esencial que las personas puedan acceder a una educación y formación pertinentes y de calidad, al perfeccionamiento y al reciclaje profesional a lo largo de toda su vida. Las oportunidades de aprendizaje permanente deben formar parte de la estrategia a largo plazo de las instituciones educativas y de formación para responder mejor a la rapidez con que cambian las necesidades de los empleadores y los aprendientes (Unión Europea, 2022).

En este sentido, y siendo la competencia digital, clave en un mundo cada vez más digitalizado, es preciso plantearnos que para que el alumnado pueda hacer frente a los grandes desafíos digitales de este siglo, es menester que el profesorado que les acompaña en las aulas esté capacitado tanto a nivel disciplinar, como a nivel pedagógico y tecnológico (Mishra & Koehler, 2006).

Así, en la universidad actual, es fundamental que el personal docente pueda disponer de competencias digitales que le posibiliten desenvolverse en los ámbitos de formación y evaluación (Mora-Cantallops, et al., 2022).

En esta línea, las competencias digitales del profesorado son fundamentales para la creación de contenidos educativos de calidad (Sánchez, et al., 2025). Estas competencias incluyen no solo la capacidad para utilizar herramientas digitales, sino la habilidad para diseñar contenidos digitales educativos que impacten en el aprendizaje del estudiantado (Ferrando- Rodríguez, et al., 2023), empoderándolo en materia digital (Ministerio de Educación y Formación Profesional y Administraciones educativas de las comunidades autónomas, 2022).

Este gran desafío que tiene el profesorado del siglo XXI al momento de desarrollar y empoderar a sus estudiantes en materia digital también aplica a la propia necesidad de este colectivo profesional por reciclarse, mejorar su praxis y formarse en el uso crítico, seguro y creativo de las tecnologías para la mejora de la experiencia de enseñanza–aprendizaje (Martínez et al., 2024).

2. Breve marco teórico

2.1. Las microcredenciales como formaciones a medida ante necesidades específicas del profesorado universitario.

Desde hace unos años y desde un paradigma de formación permanente, y a pesar de que no existe en Europa una norma común que paute cómo deben desarrollarse las microcredenciales (Unión Europea, 2022), han ido cobrando relevancia en la educación superior. Y es que es, precisamente la universidad, quien se identifica como la principal productora y difusora de conocimiento al servicio de la sociedad, contribuyendo al desarrollo social y económico sostenible, promoviendo una sociedad inclusiva y diversa, comprometida con los derechos de la ciudadanía (Aneca, 2022).

En particular, en España, el proyecto de LOSU (2023) subraya la relevancia de modelos pedagógicos que incorporan metodologías digitales y fomentan la autonomía en el aprendizaje; a la vez, otorgan valor y significado social a la formación continua de la ciudadanía.

Ofrecer alternativas formativas que acompañen al estudiantado en la titulación que cursa a través de reconocimientos complementarios, ayuda a certificar los resultados de experiencias de aprendizaje que normalmente están alineadas con las necesidades del mundo laboral (Arroyave, 2023).

Se pone en relieve el derecho a la educación permanente e inclusiva, de calidad "a fin de mantener y adquirir capacidades que permitan participar plenamente en la sociedad y gestionar bien las transiciones en el mercado laboral" (Unión Europea, 2022 p. 2).

De esta manera, y desde este enfoque que combina metodologías flexibles y aprendizaje granular (Rimland & Raish 2019), se evidencian resultados de aprendizajes específicos que demandan que las instituciones universitarias, fomenten nuevas formas de enseñanza-aprendizaje y que puedan promover aprendizajes interactivos y experienciales que ante la exposición a la tecnología, favorezcan un mejor acceso a la información (Kole et al., 2023).

Que las microcredenciales favorezcan a través del aprendizaje breve la flexibilidad, la personalización y el desarrollo de competencias, nuevas oportunidades de aprendizaje, implica, en la mayoría de los casos, un análisis de las demandas del entorno, pero también un re-diseño instruccional y metodológico de las formaciones que se venían desarrollando. En este sentido parece inevitable que el profesorado se vea necesitado en ocasiones de elaborar sus propios recursos, sea para complementar con ellos el material elegido como base del curso, para atender las necesidades e intereses específicos de sus alumnos, o simplemente por el placer de crear sus propios instrumentos de enseñanza (Fernández et al., 2019, p. 33).

Pensar al profesorado como profesionales reflexivos, capaces de aprovechar las oportunidades que posibilita el contexto tecnológico actual, desarrollando y gestionando prácticas educativas, invita a imaginar docentes capaces de transformar contenidos pedagógicos digitales que puedan mejorar las distintas experiencias de aprendizaje del estudiantado (Castañeda et al., 2018). Ante esto, se considera que los educadores deben adoptar nuevos enfoques pedagógicos donde la innovación esté ligada a la tecnología y la participación, siendo factores clave la competencia digital docente, las metodologías innovadoras y la formación continua del propio profesorado.

2.2. Píldoras formativas como herramientas para la creación de contenido digital.

Se sabe que a partir de la incorporación de las Tecnologías de la Información y la Comunicación (TIC) a los distintos procesos de enseñanza aprendizaje, la aparición de recursos formativos digitales han ido en aumento, despertando un gran interés en el alumnado (Sánchez et al., 2025).

Sin embargo, la posibilidad de utilizar un recurso u otro va mucho más allá del aparente interés. Los recursos de aprendizaje deben generarse a partir de sólidos criterios didácticos y pedagógicos. "La estructuración de contenidos y la interfaz de un producto digital con fines educativos, debe basarse en estrategias pedagógicas claras que partan de un sustento científico adecuado" (Cordero, 2018. p.12).

Ejemplo de recursos educativos que han introducido mensaje audiovisual progresivamente son las píldoras formativas, también conocidas como píldoras de conocimiento o educativas.

Se configuran como un recurso didáctico basado en vídeos de corta duración y diseñados para complementar las estrategias tradicionales de formación (Crespo y Sánchez, 2020) bien de alumnado, bien de profesorado.

Configurándose como lecciones breves de entre 5–15 minutos y temas concretos que se graban en formato digital y se suben a una plataforma online con el propósito que los discentes puedan acceder a ellas cuando deseen o necesiten, estos recursos audiovisuales, buscan el compromiso de los estudiantes permitiendo, además, al profesorado exponer contenidos y reforzar conceptos concretos de una forma más dinámica (Fínez et.al., 2021; Fínez et.al., 2022).

El protagonismo creciente de las píldoras formativas viene muy unido a su definición: unidad más pequeña de información dotada de significado (Colomo y Aguilar, 2017).

Cada vídeo se configura como una unidad independiente con un objetivo bien definido, aunque también puede formar parte de una acción formativa en el que se trata un tema general y cada píldora educativa profundiza sobre un aspecto concreto. Como indica Sánchez (2023), se pueden utilizar tanto en los momentos más convenientes en el proceso docente, como de apoyo para que el alumnado pueda visualizar de forma libre cada uno de los vídeos.

Así, las píldoras formativas, no solo son un material versátil que se puede utilizar en cualquier materia y nivel educativo, sino que también pueden favorecer la mejora de habilidades digitales y formación de los docentes (Cívico et al., 2024).

Llegados a este punto, y desde un modelo de microaprendizajes, se desea poner en relieve estos recursos que favorecen la focalización de conceptos, la mejora de la comprensión y la memorización de información de una sola vez (Krasnova et al., 2023).Estas ventajas, lo son aún más, si se tiene en cuenta el impacto de la tecnología, y la reducción de los procesos atencionales ante el uso de dispositivos móviles, redes sociales y la interactividad con otras herramientas tecnologías (Hernández et al., 2020).

Así, en contextos híbridos, y en mayor medida desde la transformación de los escenarios de aprendizaje a partir de la COVID 19, (Sá & Serpa, 2020) se observan cada vez más estudios que evidencian las ventajas en la enseñanza del uso de las píldoras de conocimiento (Bojórquez et al., 2025; Castellanos, 2022).

Sin embargo, las píldoras formativas pueden generar rechazo por parte de los estudiantes o resultar insuficientes para conseguir un conocimiento de la práctica, máxime cuando el alumnado solicita la supervisión por parte de los docentes (Urchaga et al., 2022). En este sentido, Zamora y Ortega (2021), proponen como alternativa el podcast educacional, siendo estos píldoras de contenido sonoro.

Para finalizar este apartado, cabe resaltar que las píldoras formativas son fácilmente reutilizables (Sánchez, 2023), tienen un gran valor pedagógico y presentan grandes beneficios tanto para el estudiantado como para el profesorado (Woods, 2020). Por un lado, ayudan a captar la atención del alumnado favoreciendo la comprensión de los contenidos y por otro lado ayudan a profesorado y al alumnado en el desarrollo propio de la competencia digital. En palabras de Redecker y Punie (2017), este hecho influye en el resto de las destrezas recogidas en el marco de referencia. Por tanto, la co-creación de materiales, en este caso de y con píldoras formativas, genera un enriquecimiento mutuo y sirve como base para el diseño de recursos.

3. Propuesta de microcredencial mediante el uso de píldoras formativas: una propuesta para la formación continua del profesorado.

Partiendo de la utilidad de las píldoras formativas en los procesos de enseñanza-aprendizaje y teniendo como objetivo proponer una experiencia práctica de microcredencial desarrollada en entornos universitarios, se presenta a continuación la microcredencial "Creación de Rúbricas ".

Esta experiencia de microaprendizaje formó parte del plan de formación continua del profesorado de educación superior de una universidad española de titularidad privada y modalidad virtual u online.

El sentido principal de la acción formativa fue que al finalizar la microcredencial, los participantes fueran capaces de diseñar rúbricas. Estas les permitirían evidenciar los distintos niveles de desempeño de una actividad formativa vinculada previamente a las competencias específicas propuestas en la memoria de verificación del título en el que ejercían su docencia.

Así, los resultados de aprendizaje previstos para el desarrollo de esta microcredencial, se vincularon a que los asistentes fueran capaces de: (1) Valorar la evaluación educativa como parte importante del proceso de enseñanza aprendizaje (2) Identificar nuevas formas de evaluación y coevaluación mediante rúbricas, resaltando aspectos claves vinculados a la propuesta de dimensiones, niveles de desempeño y descriptores, (3) Diseñar en el campus virtual rúbricas que sirvan de apoyo a la propia docencia y/o a los equipos docentes vinculados a la titulación, (4) Reflexionar sobre la importancia de ofrecer un feedback constructivo al alumnado, identificando aspectos de mejora en la propia práctica profesional.

La acción formativa se desarrolló en cuatro sesiones de una hora y media de duración, impartiéndose la totalidad de las sesiones en modalidad online y síncrona. No obstante, partiendo de la ubicuidad del aprendizaje (Gros, 2015) y para facilitar la asistencia asíncrona, las videoconferencias quedaron grabadas para su posterior consulta.

Se propusieron recursos formativos variados, especialmente, recursos audiovisuales que, a modo de píldoras formativas, permitieron al personal docente, elegir un modelo de clase invertida y otras metodologías activas para el desarrollo de la microcredencial. Así, la combinación de explicaciones, la realización de actividades y la propuesta de espacios de reflexión y coevaluación, se vieron facilitados por la existencia de píldoras formativas que en acuerdo con Fínez, et al. (2021) buscan un mayor compromiso por parte del alumnado, como sujetos activos de su propio proceso de aprendizaje (Rodríguez-García, et al., 2019).

Desde una perspectiva de aprendizaje experiencial (Kolb, 1984) se propuso al profesorado participante, la propuesta de una actividad capaz de evidenciar la aplicación de lo trabajado síncrona y asíncronamente. La evaluación consistió en el diseño de una rúbrica para una actividad que reflejara el aprendizaje de su alumnado en alguna de las asignaturas impartidas.

En las sesiones no solo se trabajó aspectos teóricos, sino que se buscó un aprendizaje experiencial sobre los contenidos planteados, considerando que la educación debe ser un proceso activo, con el fin de preparar a los estudiantes para la vida real, aprendiendo a través de la experiencia práctica y no solo de la teoría (Ramos et al., 2022). La primera sesión, se focalizó en conocer las implicaciones que tiene evaluar, así como los momentos y tipos de evaluación. La evaluación se trabajó desde un enfoque experiencial, procurando un aprendizaje significativo. Fue en este momento cuando los participantes dispusieron de la primera píldora formativa del curso, en ella recordaron la taxonomía de Bloom (Figura 1) identificando algunos verbos de acción que les ayudara a redactar mejor los resultados de aprendizaje que se incluirían posteriormente en la rúbrica como instrumento de evaluación que pone en evidencia el desempeño en una determinada tarea.

Figura 1. *Captura de la píldora formativa de apoyo: Taxonomía de Bloom*

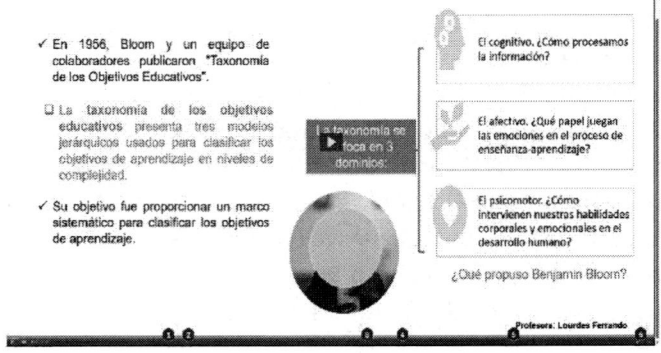

La segunda sesión estuvo enfocada a los instrumentos de evaluación y al uso pedagógico de las rúbricas, trabajándose en la tercera sesión el diseño de las rúbricas en la propia plataforma de la universidad para que sirviera como apoyo en la propia docencia. En ese momento, el profesorado participante de la microcredencial, pudo consultar dos píldoras formativas más, una les explicaba de forma detallada cómo crear rúbricas en el campus virtual (Figura 3) y la otra permitía saber cómo mostrar la rúbrica al alumnado (Figura 4). Ambas píldoras sumaban poco más de 5 minutos.

Figura 3. *Captura de la píldora formativa de apoyo: Creación de rúbricas.*

Figura 4. *Captura de la píldora formativa de apoyo: Cómo mostrar la rúbrica al alumnado.*

En la última sesión, se puso en valor la importancia del feedback en el proceso de aprendizaje desde una perspectiva práctica. Los educadores participantes pudieron participar síncronamente en prácticas, y luego consultar la grabación.

Ante el diseño y el desarrollo de la formación descrita y desde un enfoque cuantitativo (Argüelles, 2024), se propusieron dos cuestionarios que posteriormente se trataron para extraer la información y los resultados de esta experiencia formativa.

El primer cuestionario tuvo una doble orientación: por un lado: identificar el perfil de las personas interesadas en la temática de la microcredencial, por otro, a recoger las solicitudes de participación. El número total de inscritos fue de 68 personas, quedando 33 en lista de espera y obteniendo plaza 35 profesores.

El segundo cuestionario, tuvo como objetivo conocer la percepción de satisfacción de los participantes, valorando estos la utilidad de la microcredencial. Se recibieron 19 respuestas que recogían 26 preguntas divididas en cuatro secciones: datos identificativos, aspectos organizativos, aspectos pedagógicos, valoración final y líneas de mejora.

Tras el análisis de los datos, y midiéndose todas las preguntas con una escala sobre 5 puntos, se apreció el valor de aspectos pedagógicos vinculados a la satisfacción del profesorado en torno a los contenidos, el rol de los docentes que impartieron la microcredencial, las metodologías utilizadas, las actividades y los materiales facilitados.

Tal como se puede apreciar en la figura 1, la docencia fue la opción más valorada, opción seguida por las metodologías, actividades y materiales seleccionados. Estos resultados irían en línea con los hallazgos del estudio de Ferrando- Rodríguez, et al. (2023) quienes ponen en valor la vinculación de los contenidos digitales con aspectos metodológicos de la docencia.

Figura 4. *Aspectos pedagógicos* **valorados**

Finalmente, se desea remarcar el valor de las píldoras formativas en contextos formativos vinculados a la formación del profesorado. Estas píldoras, como demuestran estudios previos y esta misma experiencia, deben complementarse con metodologías y uso de tecnologías que fomenten procesos de aprendizaje activos, competenciales y significativos.

Si bien como limitaciones de la experiencia se encuentra la muestra reducida de participantes y de formaciones analizadas, se proyecta seguir analizando distintas propuestas que desde un enfoque de microcredenciales, pongan en valor la formación del profesorado en entornos digitales, donde los materiales audiovisuales, y concretamente las píldoras formativas, resultan ser altamente valorados por los participantes.

4. Referencias Bibliográficas

ANECA (2022) Microcredenciales. Formación inclusiva en todos los formatos y para todas las edades.

Argüelles, J. (2024). Enfoque cualitativo y cuantitativo para abordar la realidad *Metanoia: Revista de Ciencia Tecnología e Innovación* 10, 1–2 https://doi.org/10.61154/metanoia.v10i2.3629.

Arroyave, N. (2024). El enfoque de las microcredenciales en la Educación Superior. *Rastros Rostros*, 26(1), 1-40. https://doi.org/10.16925/2382-4921.2024.01.09

Bojorquez, L., & Curisinche, D. (2025). Microlearning en redes sociales en la educación superior: una revisión de la literatura. *InveCom, 5*(1). https://doi.org/10.5281/zenodo.12629626

Castañeda, L., Esteve, F., y Adell, J. (2018). ¿Por qué es necesario repensar la competencia docente para el mundo digital? *Revista de Educación a Distancia (RED)*, 56, 1-20. https://doi.org/10.6018/red/56/6.

Castellanos, R. (2022). Relación entre píldoras informativas, aprendizaje y enseñanza. *Revista Innova Educación, 4*(1), 92-108. https://doi.org/10.35622/j.rie.2022.01.007

Castells, M. (2006). The Network Society: A Cross-Cultural Perspective. *Alianza Editorial.*

Cívico-Ariza, A., Colomo-Magaña, E., Guillén-Gámez, F. y Rubio-Gragera, M. (2024). Píldoras formativas y competencia digital: un recurso para la formación de futuros docentes. *Edutec, Revista Electrónica de Tecnología Educativa*, (88), 77-92.

Colomo, E., y Aguilar, Á. (2017). Píldoras formativas en la educación online: posibilidades y limitaciones. En Ruiz-Palmero, J., Sánchez-Rodríguez, J. y Sánchez-Rivas, E. (Edit.). Innovación docente y uso de las TIC en educación. Málaga: UMA Editorial.

Cordero, F. (2018). Diseño de interfaces gráficas para recursos didácticos digitales. *Diseño Arte y Arquitectura*, (5), 11-29. https://doi.org/10.33324/daya.v0i5.189

Crespo, M. y Sánchez, M. (2020). Píldoras formativas para la mejora educativa universitaria: el caso del Trabajo de Fin de Grado en el Grado de Lingüística y Lenguas Aplicadas de la Universidad de Cádiz. *Education in the Knowledge Society*, 21, 10. https://doi.org/10.14201/eks.22370.

Fernández, E., Ordóñez, E., Morales, B. y Belmonte, J. (2019) *La competencia digital en la docencia universitaria*. Octaedro.

Ferrando-Rodríguez, L., Gabarda, V., Marín- Suelves, D., y Ramón-Llin Más, J. (2023). ¿Crea contenidos digitales el profesorado universitario? Un diseño mixto de investigación. *Pixel-Bit. Revista De Medios Y Educación, 66*, 137–172. https://doi.org/10.12795/pixelbit.96309

Ferrando-Rodríguez, L., Marín- Suelves, D., Gabarda, V., y Ramón-Llin Mas, J. A. (2023). Profesorado universitario. ¿Consumidor o productor de contenidos digitales educativos? *Revista Electrónica Interuniversitaria de Formación del Profesorado, 26*(1), 13–25. https://doi.org/10.6018/reifop.543391

Finez, M., Moran, M. y Vallejo, G. (2021). Las píldoras educativas: su valoración por los estudiantes de grado de la Universidad de León. *International Journal of Developmental and Educational Psychology, 1*(2), 293–300. https://doi.org/10.17060/ijodaep.2021.n2.v1.2183

Finez, M., Moran, M. y Urchaga, J. (2022). (2022) Elaboración de píldoras educativas con el programa Movavi Video Editor Plus. International Journal of Developmental and Educational Psychology INFAD *Revista de Psicología*, 1–2, 235-240.

Gros, B. (2015). La caída de los muros del conocimiento en la sociedad digital y las pedagogías emergentes. *Education in the Knowledge Society (EKS), 16*(1), 58–68. https://doi.org/10.14201/eks20151615868

Hernandez-de-Menendez, M., Escobar, C. y Morales-Menendez, R. (2020). Educational experiences with Generation Z. *International Journal on Interactive Design and Manufacturing (IJIDeM), 14*, 847-859. https://doi.org/10.1007/s12008-020-00674-9.

Kolb, D. (1984) Experiential learning: experience as thesource of learning and development source of learning and development. *Englewood Cliffs, NJ: Prentice Hall.*

Kole, I., Vidyapeeth, D., Birajdar, S. y Kanki, N. (2023). innovations in teaching pedagogy: for higher engagement with millennials and gen z. *The Online Journal of Distance Education and e-Learning, 11*(2), 2379-2389.

Krasnova, T., Kouznetsova, A., Ovsyannikova, M. & Loginova, A. (2023). Microlearning for generation z in the foreign language classroom. In Edulearn (Ed.), *EDULEARN23 Proceedings* (pp. 987-996). IATED. https://doi.org/10.21125/edulearn.2023.0358

Martínez, R., Muñoz, A., Cantabella, M., y Ayuso, B. (2024). Diseño de acciones formativas para mejorar las competencias digitales del profesorado. *Revista Electrónica Interuniversitaria de Formación del Profesorado, 27*(1), 117–133. https://doi.org/10.6018/reifop.575071

Ministerio de Educación y Formación Profesional y Administraciones educativas de las comunidades autónomas (2022). Marco de Referencia de la Competencia Digital Docente. https://intef.es/wp-content/uploads/2022/03/MRCDD_V06B_GTTA.pdf

Mishra, P. & Koehler, M. (2006). Technological Pedagogical Content Knowledge: A Framework for Teacher Knowledge–*Learning & Technology Library*. Teachers College Record, 108 (6).

Mora-Cantallops, M., Inamorato, A., Villalonga-Gómez, C., Lacalle, J., Camarillo, J., Sotal, J., Velasco, J. y Ruiz, P. (2022). Competencias digitales del profesorado universitario en España. Un estudio basado en los marcos europeos DigCompEdu y OpenEdu. Publications Office of the European Union, Luxembourg, doi:10.2760/448078, JRC129320

LOSU (2023) Ley Orgánica 2/2023, de 22 de marzo, del Sistema Universitario. BOE 70, de 23/03/2023.

Ramos, M., Rodríguez, C., De La Cruz-Campos, J., y Martínez, J. (2022). Aprendizaje experiencial en educación superior: las TIC como elemento de unión. En A. Luque, C. Hervás-Gómez, L. López y M. Ramos (Coords.), *Aprendizaje y formación experiencial* (pp. 81-94). Dykinson.

Redecker, C. y Punie, Y. (2017). *Digital competence of educators DigCompEdu*. Publications Office of the European Union.

Rimland, E., & Raish, V. (2019). The badge ecosystem. Library Technology *Reports*, *55*(3), 9-13.

Rodríguez-García, A., Hinojo-Lucena, F. y Ágreda-Montoro, M. (2019). Diseño e implementación de una experiencia para trabajar la interculturalidad en Educación Infantil a través de realidad aumentada y códigos QR. *Educar*, 55(1), 59-77

Sá, M. & Serpa, S. (2020). COVID-19 and the promotion of digital competences in education. Universal Journal of Educational Research, 8 (10), 4520-4528. https://doi.org/10.13189/ujer.2020.081020.

Sánchez, J. (2023, noviembre 29). Píldoras formativas para potenciar el aprendizaje en la asignatura de programación. 8th Virtual International Conference on Education, Innovation and ICT.

Sánchez, K., Romero, A., Franco, J., y Macias, J.(2025). Recursos audiovisuales y su incidencia en el proceso de enseñanza y aprendizaje. *Journal of Science and Research*, 10.

Unión Europea (2022) Recomendación del Consejo de 16 de junio de 2022 relativa a un enfoque europeo de las microcredenciales para el aprendizaje permanente y la empleabilidad. *DOUE* 243, de 27 de junio de 2022, 10–25

Urchaga, J., Finez, M. y Moran, M. (2022). innovación educativa: revisión de experiencias con píldoras educativas o formativas. *Revista INFAD De Psicología. International Journal of Developmental and Educational Psychology.*, 2(1), 109–116. https://doi.org/10.17060/ijodaep.2022.n1.v2.2327

Woods, K. (2020). The development and design of an interactive digital training resource for personal tutors. *Frontiers in Education, Volume 5*, Article 100.

Zabalza, M. (2005). Competencias docentes. *Universidad Santiago de Compostela*, 87-125

Zamora, J., y Ortega, T. (2021). Innovación con las TIC y píldoras PEP (Proyectos Educativos a través de los Podcast) en Derecho: descansemos de las pantallas. En R. Roig (eds.) Memòries del Programa de Xarxes I3CE de qualitat, innovación i investigación en docencia universitària (p.815). Universidad de Las Palmas de Gran Canaria. http://hdl.handle.net/10553/112910

Formación inicial del profesorado en Educación Infantil enfocada a la adquisición de competencias digitales a través de la creación de ilustraciones

Donatella Donato
Universitat de València–Grupo CRIE

José Eliseo Valle Aparicio
Universitat de València–Grupo CRIE

1. Introducción

La temática de las competencias digitales es extremadamente compleja y demanda investigaciones más variadas y profundas, especialmente en el contexto de la formación inicial del profesorado. En este marco, la educación universitaria se enfrenta a un desafío significativo: la digitalización, que juega un papel fundamental en las relaciones educativas y en los procesos de enseñanza-aprendizaje.

Se están llevando a cabo diversas estrategias de gobernanza digital y se está promoviendo la educación mediada por tecnologías digitales en múltiples sectores. Estos procesos de digitalización no solo fomentan nuevas prácticas, sino que también estructuran diferentes textualidades y formas de interacción social, sugiriendo innovadoras maneras de enseñar y aprender (Chiu et al., 2024).

No obstante, una verdadera cultura digital se edifica sobre un conjunto de conocimientos técnicos, pedagógicos, históricos, científicos, fenomenológicos, informáticos y sociológicos. De no ser así, las nuevas generaciones de docentes podrían quedar fundamentalmente desprovistas de las herramientas necesarias para desarrollar las competencias digitales de sus estudiantes (Cabezas-González et al., 2021). Esto resalta la creciente necesidad de diseñar e implementar programas de formación específicos que puedan abordar esta carencia y capacitar al profesorado para actuar en el ámbito digital en lugar de ser simples receptores (Yang et al., 2021).

En este contexto, un marco de referencia sugiere una perspectiva sobre lo digital que carece de neutralidad: el desinterés, junto con los escasos niveles de cultura digital en el ámbito educativo, tanto en la educación básica como en la superior, obstaculizan o limitan considerablemente las oportunidades para un debate genuinamente democrático sobre un asunto, el digital, que resulta fundamental para el futuro de nuestras sociedades en aspectos de política, economía y acceso al conocimiento (Mui y Murphy, 2021).

Adicionalmente, el conocimiento pedagógico de las distintas disciplinas y la comprensión de los contenidos, que deben estar intrínsecamente ligados a su relación con la tecnología, tendrían que fomentar competencias pedagógicas, disciplinares, relacionales y tecnológicas que habiliten al docente para actuar como un diseñador activo y creativo de la experiencia de aprendizaje de su alumnado (Meirieu, 2022). La imagen que se obtiene es la de un profesional que comprende cómo las herramientas tecnológicas modifican las estrategias pedagógicas-didácticas y las representaciones de los contenidos disciplinares, facilitando la co-construcción del conocimiento (Runge at al., 2023).

2. El DigCompEdu como marco de competencias digitales para docentes

En este contexto, el marco de competencias digitales para educadores/as, denominado DigCompEdu (Competencia Digital para Educadores), se establece como una herramienta fundamental, en cuanto describe las habilidades digitales requeridas para que el profesorado integre de manera eficiente las tecnologías digitales en los procesos de enseñanza-aprendizaje.

La competencia digital implica un interés por las tecnologías digitales y su uso competente, crítico y responsable para aprender, trabajar y participar activamente en la sociedad (Palacios-Rodríguez et al., 2023).

El marco europeo DigCompEdu ha sido desarrollado por la Comisión Europea y se basa en el trabajo del JRC (Grupo Conjunto de Investigación), describiendo y definiendo las competencias pedagógicas digitales necesarias para satisfacer las necesidades de los docentes y formadores en todos los niveles educativos.

El DigCompEdu puede ser presentado como:

- un marco científicamente fundamentado que define lo que significa para los /as educadores/as ser competentes en el ámbito digital;
- una guía para desarrollar y potenciar la acción educativa de los/ as docentes;
- un modelo para evaluar el nivel de competencia digital y para crear herramientas concretas;
- un lenguaje común para las buenas prácticas de implementación;
- un referente para los estados miembros en la evaluación de sus sistemas educativos.

El DigCompEdu es un recurso valioso para:

- medir y verificar el propio nivel de competencia pedagógica digital y desarrollarlo aún más;
- estructurar de manera más efectiva las intervenciones didácticas;
- utilizar un lenguaje común y coherente que fomente la discusión y el intercambio de buenas prácticas.

Además, el marco DigCompEdu define seis niveles de competencia digital en cada área, ofreciendo una orientación precisa para el desarrollo profesional y este marco se basa en 22 competencias digitales organizadas en seis áreas fundamentales, las cuales examinaremos a continuación de manera detallada.

Las áreas se enfocan en el uso de tecnologías digitales para mejorar la comunicación, colaboración y desarrollo profesional (Área 1), gestionar recursos educativos (Área 2), optimizar prácticas de enseñanza (Área 3), evaluar el aprendizaje (Área 4), promover la inclusión y participación del alumnado (Área 5), y desarrollar sus competencias digitales (Área 6).

3. Metodología

La presente investigación se basa en los principios de la Investigación-Acción educativa, la cual se distingue por su carácter práctico, participativo y colaborativo, así como por ser emancipadora, interpretativa y crítica (Alban et al, 2020). Su impacto es especialmente relevante en el ámbito de la educación y en el aula, ya que facilita la observación, el conocimiento y la reflexión sobre las prácticas de enseñanza-aprendizaje, lo que a su vez permite su transformación. De este modo, el docente se convierte en un investigador por naturaleza, fomentando la coexistencia habitual entre la práctica y la investigación (Elliott, 1990).

En este estudio se presentan los hallazgos de una pesquisa realizada en el aula, cuyo objetivo fue analizar cómo se desarrollan las competencias digitales del alumnado en un contexto de creatividad y participación. La proliferación de las tecnologías digitales en las últimas décadas, junto con la transformación de diversos formatos expresivos, narrativos y comunicativos, ha hecho que sea cada vez más necesario reconocer, desarrollar y evaluar nuevas formas de alfabetización y competencias propias del ámbito digital, entendido no solo como tecnología, sino también como una dimensión socio-cultural integral (Foà y Saudino, 2021).

Por lo tanto, este trabajo examina las oportunidades de desarrollo de las competencias digitales en el alumnado y futuro profesorado de Educación Infantil, a través del diseño y la creación de productos artísticos y comunicativos.

Desde esta perspectiva, la implementación de enfoques de enseñanza-aprendizaje que sean participativos, colaborativos y generativos se convierte en un elemento fundamental para promover no solo el conocimiento de las competencias digitales, sino también la habilidad de utilizarlas de manera consciente y coherente (Fioretti, 2023).

Esto favorece procesos pedagógicos que permiten comprender y emplear las tecnologías digitales en todas sus potencialidades operativas, comunicativas, creativas y relacionales. En este contexto, la planificación y creación de artefactos comunicativos desempeña un papel central en el proceso pedagógico y didáctico. Estos artefactos deben ser considerados no solo como simples ejercicios o productos, sino como oportunidades de experimentación práctica que integren competencias tecnológicas, creativas y relacionales, permitiendo al mismo tiempo abordar y profundizar en temas sociales y culturales contemporáneos.

La experiencia en el aula comenzó con una serie de talleres de capacitación enfocados en la planificación y desarrollo de contenidos digitales. El propósito fundamental de estas sesiones fue promover la conciencia, el pensamiento crítico y las habilidades para el uso creativo del lenguaje digital interactivo. Todo esto se dirigió hacia la comprensión, el análisis y la apropiación del tema de la justicia ambiental, lo que permitió al estudiantado investigar y tratar esta relevante problemática desde una perspectiva innovadora y comprometida.

Nos propusimos entender las particularidades del diseño digital, su aplicación en la planificación educativa y el desarrollo de una cultura de bi-alfabetización que apoye competencias de producción creativa tanto en formato analógico como digital. Tras explorar el significado del diseño digital, sus posibilidades y los materiales a emplear, iniciamos un proceso de aprendizaje activo, ya que es fundamental experimentar de manera práctica con herramientas, métodos y procesos, utilizando directamente las tecnologías digitales; esto permite vivenciar el proceso creativo y fortalecer la comprensión de su potencial en el aprendizaje (Wang et al., 2024).

El diseño digital facilita la creación de ilustraciones a través de software gráfico y dispositivos como tabletas, ratones o lápices, combinando además el dibujo tradicional con avanzadas funcionalidades. Se pueden identificar diversas categorías, tales como la ilustración, el dibujo asistido por computadora (CAD) y la pintura, cada una de las cuales emplea técnicas y herramientas particulares. Se cuenta, pues, con una extensa variedad de herramientas y efectos, y la precisión de una tableta gráfica resulta fundamental para lograr resultados óptimos. Asimismo, la presión ejercida por el lápiz afecta al grosor del trazo, constituyendo un aspecto relevante en el ámbito del diseño digital.

El propósito consiste en fomentar y fortalecer las capacidades estéticas de las personas participantes, así como en promover el uso innovador de las tecnologías digitales y la creación de contenidos que produzcan un impacto comunicativo relevante, garantizando que el mensaje sea comprensible, resuene de forma efectiva, y logre inspirar y motivar a la audiencia.

Participantes

En el presente estudio participó un grupo de 47 estudiantes, cuyas edades varían entre 19 y 22 años, quienes están cursando, durante el año académico 2024-25, el segundo año del programa de Magisterio, específicamente en la especialidad de Educación Infantil. En este marco, se imparte la asignatura de Organización del Espacio Escolar, Materiales y Habilidades Docentes, que forma parte de los estudios de grado de la Facultad de Magisterio de la Universitat de València. Esta materia tiene una duración de un curso (9 créditos) y se integra en el módulo de formación básica del programa académico.

Recolección de informaciones

Las fuentes primarias de información para esta investigación fueron las reflexiones del alumnado y los artefactos generados durante las clases. A continuación, se detallan los aspectos de cada uno de estos instrumentos:

a. Artefactos: se presentan algunos de los trabajos realizado. Entre las técnicas digitales utilizadas se encuentran: a) el Software de Dibujo Digital, que incluye programas diseñados para la creación de arte digital y que proporcionan una amplia gama de pinceles y herramientas que simulan técnicas de arte tradicional; b) las Tabletas Gráficas, que optimizan el proceso de dibujo digital, ofreciendo mayor precisión y control; c) el trabajo de capas que permite la separación de distintos elementos del dibujo, facilitando la edición y el ajuste sin afectar otras partes de la obra; d) las herramientas de Selección y Máscaras, que permiten aislar y trabajar en áreas específicas del dibujo, siendo útiles para detalles y correcciones; e) los Filtros y Efectos, que añaden profundidad y textura al dibujo, mejorando su aspecto final; f) y la Corrección de Color y Ajustes, que se utilizan para modificar el color, el brillo, el contraste y otros parámetros, contribuyendo a perfeccionar el dibujo y alcanzar el efecto deseado.

b. Reflexiones del alumnado sobre las habilidades digitales del profesorado, las cuales fueron recopiladas a través de un formulario de Google que constaba de dos preguntas abiertas: *¿Qué habilidades digitales consideras fundamentales para el profesorado en el ámbito de la educación infantil y de qué manera pueden ser desarrolladas durante su formación inicial? ¿De qué forma pueden las tecnologías digitales potenciar el desarrollo y el aprendizaje en la educación infantil, y cómo debe el futuro profesorado prepararse para incorporarlas de manera efectiva?*

c. Reflexiones del alumnado sobre los productos elaborados, recopiladas mediante un foro abierto en el aula virtual del curso, con el objetivo de obtener las diferentes opiniones sobre la experiencia desarrollada.

4. Análisis de informaciones

Con el fin de abordar el tema de este artículo, se optó por realizar un análisis intencionado de los datos cualitativos obtenidos de la encuesta, centrándose en las reflexiones del alumnado. Para llevar a cabo el análisis de estos datos se aplicó la técnica de codificación abierta (Páramo

Morales, 2015) de manera línea a línea. Este método facilitó la identificación de conceptos y patrones presentes en la información recibida, lo que llevó a la determinación de las categorías que se presentarán en el siguiente capítulo.

Para la creación de estas categorías, se utilizaron inicialmente códigos in vivo obtenidos directamente de las respuestas recibidas que luego se transformaron en códigos construidos. Este tipo de codificación abierta ofrece múltiples ventajas en el análisis cualitativo, ya que permite descubrir y etiquetar conceptos directamente desde las informaciones sin la imposición de categorías preconcebidas, favoreciendo un análisis detallado y profundo, y facilitando la identificación de patrones y relaciones entre conceptos (Khandkar, 2009).

Competencias digitales

El análisis sistemático de la información recabada a partir de las reflexiones del alumnado sobre las competencias digitales que debe poseer el profesorado condujo a la conclusión de que las tecnologías digitales pueden ser una herramienta significativa para potenciar el aprendizaje en todas las fases educativas, incluyendo la educación infantil, siempre que se utilicen de manera adecuada y equilibrada. Con base en la información suministrada, hemos logrado identificar diversas categorías de análisis vinculadas a las competencias digitales del profesorado y su integración en el ámbito educativo: a) la relevancia de las tecnologías digitales y su aplicación en todas las etapas educativas; b) la formación y capacitación continua; c) la implementación efectiva y responsable de tecnologías en el aula; d) el desarrollo de habilidades técnicas y capacidad para buscar y evaluar información en fuentes confiables; e) la elaboración de materiales creativos y adaptados a las necesidades del alumnado; f) la inclusión de asignaturas que traten el uso pedagógico de las tecnologías.

La capacitación constante y la vivencia en entornos reales son fundamentales para que el futuro profesorado pueda incorporar estas tecnologías de forma efectiva y responsable en el aula. Es vital que no solo adquiera habilidades técnicas, sino que también fomente una comprensión crítica y ética sobre el uso de la tecnología en el contexto educativo. Para potenciar estas habilidades, se recomienda: participar en talleres y cursos que ofrezcan formación especializada en herramientas y aplicaciones digitales, recibir orientación y asistir a actividades prácticas conducidas por profesionales con experiencia en tecnología educativa, proporcionar oportunidades para practicar el uso de herramientas digitales en entornos educativos reales, fomentar la colaboración entre estudiantes para desarrollar proyectos tecnológicos de manera conjunta y, finalmente, incluir en el currículo asignaturas que aborden el uso pedagógico de las tecnologías para realizar proyectos que integren el uso de tecnologías digitales en el proceso de enseñanza-aprendizaje.

Por otro lado, se destaca cómo las tecnologías digitales pueden complementar la propuesta didáctica en la educación infantil, utilizando pizarras digitales para dinamizar el aprendizaje y fomentar la participación activa. Es esencial que los educadores no se restrinjan a un uso superficial de estas herramientas, sino que las incorporen de forma significativa en sus metodologías de enseñanza-aprendizaje, incluyendo también la implementación lúdica de dichos recursos.

La creación de actividades interactivas y personalizadas a través de diversas plataformas requiere un dominio profundo de las herramientas digitales disponibles, lo que está relacionado con la habilidad para investigar y evaluar información de fuentes confiables y seguras. Además, el desarrollo de materiales creativos y adaptados a las necesidades de los estudiantes es esencial para generar contenido atractivo y relevante que despierte su interés, fomente la creatividad, estimule la imaginación y enriquezca su proceso de aprendizaje.

Artefactos

Se ha solicitado a los estudiantes que, después de investigar sobre las competencias digitales, elaboren un dibujo utilizando tanto herramientas manuales como digitales. Este dibujo debe comunicar un mensaje acerca del impacto de las acciones humanas en el medio ambiente, abordando temas como la justicia ambiental, la conservación de la naturaleza y la dualidad entre la destrucción del entorno y la esperanza.

Además, se les pidió que incluyeran una explicación que destacara el mensaje y los elementos esenciales de su obra. A través de estas creaciones, se busca fomentar la reflexión sobre nuestra responsabilidad en la preservación del planeta y la urgente necesidad de un cambio hacia un futuro más sostenible y equitativo. Estas obras no solo son visualmente impactantes, sino que también transmiten un mensaje claro y conmovedor sobre la importancia de proteger nuestro entorno natural.

En esta sección, se ofrece una descripción minuciosa de cada una de las obras, resaltando los mensajes y elementos fundamentales que las estudiantes han querido expresar. Se han seleccionado los trabajos de aquellas personas que han decidido participar en este capítulo y que han firmado una carta de consentimiento para el uso de su imagen y nombre. A través de estas creaciones, se fomenta la reflexión sobre nuestra responsabilidad en la conservación del planeta y la imperiosa necesidad de avanzar hacia un futuro más sostenible y justo. Estas obras no solo poseen un impacto visual significativo, sino que también transmiten de manera clara y emotiva la relevancia de proteger nuestro entorno natural.

Figura 1. *Justicia*	**Figura 2.** Ellos se protegen mientras que nosotros los ensuciamos

Nota: La ilustración muestra las dos facetas de la madre tierra, evidenciando el impacto de nuestras acciones en su equilibrio. Inspirada en una carta del tarot, simboliza la justicia. Si protegemos la naturaleza, ella nos brindará recompensas; en cambio, si la dañamos, sufriremos consecuencias adversas (Autora: Conde Rodado, Alicia).	Nota: La imagen comunica un mensaje contundente acerca del efecto de la contaminación plástica en los ecosistemas marinos. Los peces y los caballitos de mar que se resguardan bajo un paraguas representan su esfuerzo por sobrevivir en un ambiente que se torna cada vez más adverso debido a nuestros residuos. La expresión "Ellos se protegen mientras que nosotros los ensuciamos" enfatiza la ironía de la situación: los animales adaptándose a nuestra polución, cuando en realidad deberíamos ser nosotros quienes los cuidemos (Autora: Palomera Perez, Paula).

Figura 3. *Uma kiwe: Madre Tierra*	**Figura 4.** *La justicia ambiental es el puente entre el mundo de arriba, donde se toman las decisiones y el mundo de abajo donde se viven las consecuencias.*
	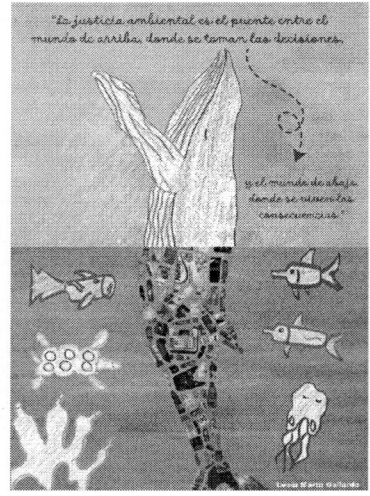
Nota: El dibujo ilustra de forma contundente la necesidad apremiante de salvaguardar a la madre tierra y todos sus componentes. Al representarla envuelta en humo y polución, se enfatizan las consecuencias adversas de nuestras actividades y la imperiosa necesidad de transformación. (Autora: Mas Seresola, Lydia).	Nota: La imagen ilustra un mensaje contundente acerca de la influencia de nuestras acciones en el medio ambiente y los océanos. La ballena, que aparenta ser común en la superficie, pero que muestra un cuerpo compuesto de desechos al sumergirse, representa cómo nuestras elecciones impactan la vida en el mar. Se trata de un llamado apremiante a la reflexión y a la responsabilidad hacia el entorno (Autora: Martir Gallardo, Lucía).

Figura 5. Si la naturaleza es la cura, ¿por qué seguimos envenenándonos?

Figura 6. *Grietas y heridas*

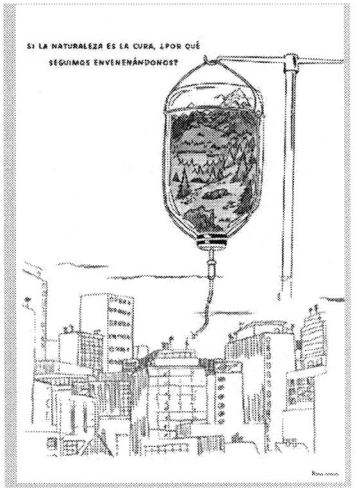

Nota: Las fisuras y lesiones en el planeta representan el deterioro, mientras que las manos que buscan curar encarnan la esperanza y el compromiso por su salvaguarda. La incorporación de elementos naturales y del fuego enfatiza esta dualidad, evidenciando tanto la belleza y vulnerabilidad del entorno como la amenaza que supone su devastación

(Autora: Maia Carrara, Luana).

Nota: La obra constituye una contundente crítica visual a la urbanización excesiva y uniforme. Invita a la reflexión acerca de nuestras acciones y su repercusión en el medio ambiente, subrayando la urgencia de transitar hacia un futuro más equilibrado y consciente (Autora: Romero Perez, Nerea).

La presentación de las obras ha sido seguida por una etapa de reflexión con el propósito de recoger las diversas opiniones sobre la experiencia desarrollada por el alumnado. Posteriormente, se ha realizado un análisis que toma en cuenta los aspectos relevantes que se pudieron identificar a partir de la pregunta formulada.

¿Por qué crees que es fundamental integrar el arte manual con herramientas digitales?

Los resultados se examinan de acuerdo con las categorías identificadas durante el análisis:

a) Fomento de la creatividad y expansión de las oportunidades creativas

La incorporación de elementos digitales otorga un aspecto más atractivo y profesional a la ilustración, facilitando la integración de una mayor variedad de recursos y matices. Es innegable que el arte manual proporciona autenticidad y textura, mientras que las herramientas digitales permiten la adición de elementos específicos. La fusión de diversas técnicas estimula la creatividad y amplía las oportunidades de experimentación, lo que genera resultados más satisfactorios, potenciando tanto la imaginación como las habilidades técnicas. En este sentido, dos estudiantes expresan:

La combinación del arte manual y digital permite aprovechar lo mejor de ambos mundos: la creatividad y la expresión artística del trabajo manual, junto con la precisión, versatilidad y opciones de edición que brinda la tecnología. Además, amplía las oportunidades de experimentación y enriquece el proceso creativo (A1).

Los recursos digitales nos ofrecen una nueva perspectiva. Asimismo, estos recursos digitales son herramientas que fomentan nuestra creatividad de una manera diferente (A2).

b) Complementariedad de técnicas

El arte manual establece una conexión más cercana con la obra, mientras que los recursos digitales elevan el boceto, haciéndolo más innovador y original. La expresión del arte manual es única, mientras que el arte digital incorpora técnicas que enriquecen el proceso creativo. Esta fusión resulta beneficiosa para aquellas personas que no dominan completamente el dibujo, lo que reduce la frustración y fomenta la experimentación. Esta reflexión se encuentra recogida en los siguientes escritos:

La integración del arte manual con herramientas digitales permite expandir las posibilidades creativas y mejorar la calidad visual del trabajo. El arte manual ofrece autenticidad, expresividad y textura, mientras que los recursos digitales facilitan la edición, corrección y la incorporación rápida de elementos más precisos (A3).

Considero que el arte, en todas sus formas, es fundamental y constituye una valiosa herramienta de expresión para los niños y las niñas. A través de los pinceles, se pueden desarrollar diversas actividades de motricidad y creatividad. Al combinarlo con recursos digitales, se les·brinda la oportunidad de superar límites y experimentar con la facilidad de poder borrar y rehacer sin que sus dibujos o partes que les agraden se vean arruinados o irrecuperables, lo que podría generar frustración y llevarlos a abandonar la actividad. En este sentido, lo digital facilita la prueba y el error sin perjudicar el trabajo inicial (A4).

c) Desarrollo de diferentes habilidades

La integración de diversas técnicas favorece el desarrollo de competencias creativas y tecnológicas, las cuales son esenciales para los educadores, dado que es vital contar con un conocimiento amplio y con ciertas habilidades en la ejecución de actividades creativas, tanto manuales como digitales, para potenciar el crecimiento de los niños y niñas. La adopción de estas técnicas contribuye a una educación más holística, estimulando tanto las capacidades artísticas como las tecnológicas. Además, facilita el aprendizaje de diferentes formas de expresión y comunicación, que son significativas en el ámbito educativo. Esto se puede ejemplificar con la siguiente afirmación:

Desde mi perspectiva, considero que es fundamental combinar ambos recursos, ya que esto abre un espectro más amplio de posibilidades para la expresión artística. El arte manual establece una conexión más íntima con el proceso creativo, mientras que el arte digital permite la edición y la experimentación con una variedad de colores, texturas e imágenes. Asimismo, las herramientas digitales simplifican la difusión del trabajo, haciéndolo más accesible y aumentando su impacto en el público. En el contexto educativo, la fusión de ambas modalidades promueve el desarrollo de habilidades artísticas y tecnológicas, contribuyendo a una formación más integral del alumnado (A5).

d) Difusión y Conservación

Los artefactos digitales facilitan un intercambio y una conservación más eficientes a lo largo del tiempo, lo que contribuye a la difusión del arte. Estas herramientas no solo permiten un acceso más sencillo a las creaciones artísticas, sino que también amplifican su impacto en el público. Además, posibilitan una mayor diseminación del mensaje a través de diversas plataformas en línea, garantizando que este sea más efectivo y atractivo, lo que a su vez permite alcanzar a una audiencia más amplia. Como se refleja en estos dos textos:

Integrar el arte manual con recursos digitales es fundamental, ya que amplía las posibilidades creativas, mejora la calidad del trabajo y facilita la conservación en archivos, así como la difusión de las obras realizadas (A6).

La fusión del arte manual con herramientas digitales permite expandir las posibilidades creativas y optimizar la calidad visual del mensaje. El arte manual aporta un toque único y personal, mientras que los recursos digitales ayudan a corregir detalles, añadir color y mejorar la presentación. Además, facilita la difusión del mensaje a un público más amplio a través de plataformas digitales (A7).

A partir de las reflexiones expresadas por el alumnado participante en este estudio se puede deducir que la combinación de técnicas artísticas manuales y digitales genera una sinergia que potencia tanto la creatividad como la precisión. Esta integración no solo eleva la calidad visual de las obras, sino que también permite una mayor experimentación y corrección, manteniendo la esencia del arte manual. Asimismo, en el ámbito educativo, incluyendo la educación infantil, esta fusión favorece el desarrollo integral de habilidades artísticas y tecnológicas. En conclusión, la conjunción de estos dos enfoques amplía las oportunidades creativas y enriquece el proceso artístico, haciendo que el arte sea más accesible y versátil.

5. Conclusiones

Es innegable que las tecnologías asociadas a la *Industria 4.0* están revolucionando la cadena de valor en el ámbito educativo, gracias a la incorporación de diversas aplicaciones en los ecosistemas de enseñanza y aprendizaje. Estas innovaciones facilitan una colaboración más eficiente, la personalización del aprendizaje, la gamificación y la resolución de problemas en la pedagogía contemporánea, fomentando un entorno de aprendizaje continuo y adaptable (Periasamy y Umachandran, 2023).

Sin embargo, es esencial abordar el desafío de la "pobreza educativa digital", que no se limita únicamente a la carencia de dispositivos o de acceso a Internet, sino que también incluye la falta de habilidades digitales (Marangi et al., 2022). Los marcos que consideran el contexto son cruciales, ya que pueden influir en las prácticas pedagógicas y en el uso educativo de las tecnologías digitales. En este sentido, es vital que el profesorado integre competencias que le permitan comprender las particularidades educativas de las herramientas tecnológicas, su potencial para promover la interacción social entre estudiantes y reconocer las maneras en que una herramienta puede ser efectiva y eficiente para facilitar la realización de tareas específicas por parte del alumnado.

Un enfoque lúdico, experiencial, innovador y práctico en el aula permite explorar de manera directa y entusiasta las oportunidades que surgen de la integración del arte manual y digital. Esto promueve el desarrollo de competencias digitales, diversas habilidades y se centra en el proceso en lugar del resultado final.

No obstante, este enfoque exige un profundo conocimiento y conciencia por parte del profesorado, así como una sólida formación inicial que le permita explorar primero esos caminos tecnológicos que estimulan la creatividad, la originalidad, la iniciativa y el pensamiento analítico e innovador.

La fusión de diversas técnicas promueve el desarrollo de competencias creativas y tecnológicas, pero resulta crucial poseer un conocimiento amplio, ya que la adopción de estas técnicas favorece una educación más integral, estimulando tanto las habilidades artísticas como las tecnológicas.

Esto permite el aprendizaje de distintas formas de expresión y comunicación. La combinación de elementos digitales con el arte manual, como hemos podido observar en el aula, confiere un carácter más atractivo y profesional a la creación artística, lo que sin duda facilita la inclusión de una gama más amplia de matices, ampliando las posibilidades de expresión y favoreciendo la comunicación de mensajes significativos, y todo ello resulta en una expresión artística más completa y versátil.

En los artefactos digitales presentados, la forma, el color y la imaginación se entrelazan, fomentando la creatividad y subrayando la relevancia de una mente creativa. Se trata de una oportunidad para acercarse a las tecnologías y al ámbito digital, además de ser un momento propicio para aprender al reflexionar sobre las potencialidades de las herramientas disponibles. El aula y el contexto de formación inicial del profesorado se convierten en espacios de producción cultural, creación y diseño. La innovación, la experimentación y el análisis se orientan a mejorar las habilidades en el uso de nuevas tecnologías en el proceso de enseñanza-aprendizaje, permitiendo expresarse con intención y conciencia.

Finalmente, es fundamental participar en el descubrimiento, la exploración y la experimentación del lenguaje artístico que abarque tanto lo analógico como lo digital. Se busca adquirir una mayor familiaridad con las tecnologías digitales que apoyan todas las competencias transversales (cognitivas, operativas, relacionales y metacognitivas), con el objetivo de fortalecer la comunidad educativa, ya que genera experiencias que ofrecen nuevos estímulos, relaciones renovadas y un renovado entusiasmo.

6. Referencias bibliográficas

Alban, G. P. G., Arguello, A. E. V., & Molina, N. E. C. (2020). Metodologías de investigación educativa (descriptivas, experimentales, participativas, y de investigación-acción). *Recimundo*, 4(3), 163-173.

Cabezas-González, M., Casillas-Martín, S., & García-Peñalvo, F. J. (2021). The digital competence of pre-service educators: The influence of personal variables. *Sustainability*, 13(4), 2318.

Chiu, T. K., Falloon, G., Song, Y., Wong, V. W., Zhao, L., & Ismailov, M. (2024). A self-determination theory approach to teacher digital competence development. *Computers & education, 214,* 105017.

Elliott, J. (1990). *La investigación-acción en educación.* Ediciones Morata.

Fioretti, S. (2023). Strategie di apprendimento e uso delle tecnologie. *Pedagogia più Didattica, Erickson, 9*(1).

Foà, C., & Saudino, M. (2021). *Cambiamo la scuola. Per un'istruzione a forma di persona.* Eris Edizioni.

Khandkar, S. H. (2009). Open coding. *University of Calgary, 23*(2009), 2009.

Marangi, M., Pasta, S., & Rivoltella, P. C. (2022). Digital educational poverty: construct, tools to detect it, results Povertà educativa digitale: costrutto, strumenti per rilevarla, risultati. *Q-Times Webmagazine, 14*(4), 236-251.

Meirieu, P. (2022). El futuro de la Pedagogía. *Teoría de la Educación: Revista Interuniversitaria: 34, 1, 2022,* 69-81.

Mui, C. L., & Murphy, J. S. (2021). The university of the future: Stiegler after Derrida. In *Bernard Stiegler and the Philosophy of Education* (pp. 132-142). Routledge.

Palacios-Rodríguez, A., Guillén-Gámez, F. D., Cabero-Almenara, J., & Gutiérrez-Castillo, J. J. (2023). Teacher Digital Competence in the education levels of Compulsory Education according to DigCompEdu: The impact of demographic predictors on its development. *Interaction Design and Architecture (s) Journal-IxD&A, 57,* 115-132.

Páramo Morales, D. (2015). La teoría fundamentada (Grounded Theory), metodología cualitativa de investigación científica. *Pensamiento & gestión,* (39), 1-7.

Periasamy, A., & Umachandran, K. (2023). Educational value chain with industry 4.0 technologies. *Problems of Information Society,* 26-31.

Runge, I., Lazarides, R., Rubach, C., Richter, D., & Scheiter, K. (2023). Teacher-reported instructional quality in the context of technology-enhanced teaching: The role of teachers' digital competence-related beliefs in empowering learners. *Computers & Education, 198,* 104761.

Wang, Y., Liu, W., Yu, X., Li, B., & Wang, Q. (2024). The impact of virtual technology on students' creativity: A meta-analysis. *Computers & Education, 215,* 105044.

Yang, J., Wang, Q., Wang, J., Huang, M., & Ma, Y. (2021). A study of K-12 teachers' TPACK on the technology acceptance of E-schoolbag. *Interactive Learning Environments, 29*(7), 1062-1075.